易筋经

侯雯 著

河南科学技术出版社

· 郑州 ·

插图绘制：高翔

图书在版编目(CIP)数据

易筋经/侯雯著. —郑州：河南科学技术出版社，2023.1
ISBN 978-7-5725-0131-9

I. ①易… II. ①侯… III. ①易筋经（古代体育）-基本知识
IV. ①G852.6

中国版本图书馆CIP数据核字（2020）第158758号

出版发行：河南科学技术出版社
　　　　　地址：郑州市郑东新区祥盛街 27 号　　邮编：450016
　　　　　电话：（0371）65737028
　　　　　网址：www.hnstp.cn
责任编辑：董　涛
责任校对：崔春娟
封面设计：王留辉
责任印制：张艳芳
印　　刷：河南文华印务有限公司
经　　销：全国新华书店
开　　本：890 mm × 1240 mm　1/32　印张：10　字数：230千字
版　　次：2023年1月第1版　　　　　2023年1月第1次印刷
定　　价：45.00元

前　言

　　易筋经是我国一种非常古老、独特、实用的武术精功，其熔筋经学、吐纳法、导引术等于一炉，具有很高的养生、健身及技击价值，常被赞以"秘功真经""养生经典"等美誉，流传很广，影响很大。

　　何谓"易筋经"？

　　民国著名武术家金倜庵《少林内功秘传·易筋经》载："易者，换也；筋者，筋脉也。易筋云者，盖言去其原来羸弱无用之筋，而易以坚强有用之筋，亦即言练习此功之后，可以变易其筋骨，而使坚强有用也。依法勤练，百日之后，则食量增加，筋骨舒畅，百病不生。至一二年后，则非但身体强健，精神饱满，且两臂之力，剧增数倍。即为平素多病者，亦可一扫其屝弱。至若年老之人，精气已衰，虽不足以返老还童，亦足以延年祛病。实为练力运气、舒展筋脉之妙法。"

　　笔者作为一名武术工作者，长期从事武术比赛与教学工作，出于职业需要和个人爱好，对易筋经这种秘传精功非常推崇，就辅导大学生练习易筋经，对增强学生体质取得了良好效果。为了便于不同体质、不同兴趣的学生选修，同时也为了弘扬国粹，推广益众，编者根据自己的练功和教学体验，并收集相关理论及技术资料，把易筋经几大练法汇集成书，以供爱好者参考。不到之处，敬请指正。

　　本书共收录十种秘传精功易筋经：达摩易筋经、韦驮易筋经、罗汉易筋经、金刚易筋经、甘式易筋经、熊式易筋经、黄式易筋经、王式易筋经、南派易筋经、古传易筋经。

著者

目 录

第一章
达摩易筋经（12式）

目前易筋经，冠名"达摩"的功法最多，流传的也最广，一般都是12式，其指导歌诀也基本相同；但练法各异，丰富多彩。

追溯其源，大多认为易筋经传自少林达摩禅师——"达摩西来，传少林寺。却病延年，功无与类"。本功即参照清代《达摩易筋经》古谱（见8~19页），加以解析，重新制图，谨供同道研习。

此"达摩易筋经"，动静相合，内外兼修，练之可通脉活络，提神益气，强筋壮骨，增力长劲。正如古谱所言："练此功夫，每日勤行，百日之后，则食量增加，筋骨舒畅，精神饱满；一年之后，则筋骨坚强，实力大增，神完气足，洵有易筋换骨之妙！"

章馱獻杵第一勢

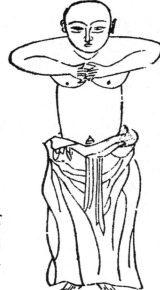

易筋經十二圖

總攷其法

圖成十二　誰實貽諸　五代之季　有宋岳侯　功無與類

達摩西來　傳少林寺

更爲鑒識　却病延年

立身期正直

環拱手當胸

氣定神皆斂

心澄貌亦恭

韋馱獻杵第二勢

足指挂地
兩手平開
心平氣靜
目瞪口呆

韋馱獻杵第三勢

掌托天門目上觀　足尖著地立身端

力周骹脅渾如植　咬緊牙關不放寬

舌可生津將腭抵　鼻能調息覺心安

兩拳緩緩收回處　用力還將挾重看

摘星換斗勢

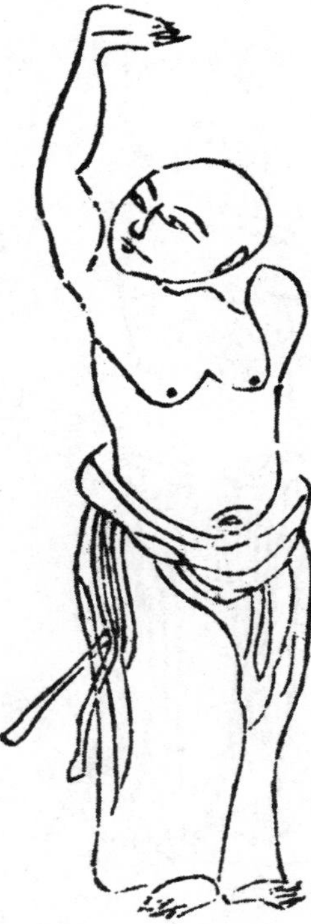

隻手擎天掌覆頭
更從掌内注雙眸
鼻端吸氣頻調息
用力收回左右侔

出爪亮翅勢

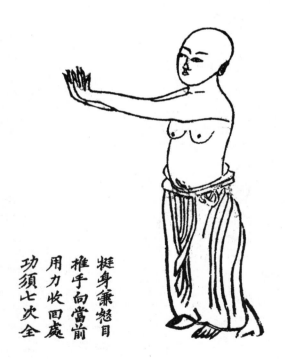

挺身兼怒目
推手向當前
用力收回處
功須七次全

倒拽九牛尾勢

兩骹後伸前屈
小腹運氣空鬆
用力在於兩膀
觀拳須注雙瞳

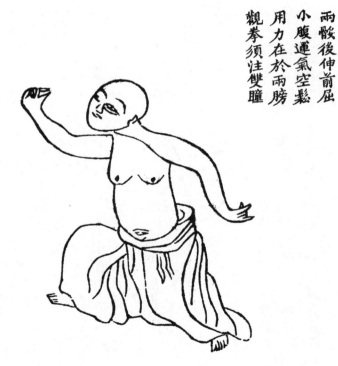

13

九鬼拔馬刀勢

側首彎肱　抱頂及頸　自頭收回　弗嫌力猛　左右相輪　身直氣靜

14

三盤落地勢

上腭堅撐舌　張眸意注牙
足開蹲似踞　手按猛如擎
兩掌翻齊起　千觔重有加
瞪睛兼閉口　起立足無斜

青龍探爪勢

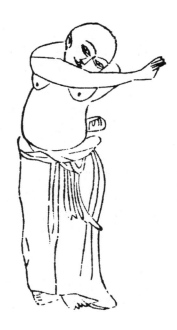

青龍探爪　左從右出
修士效之　掌平氣實
力周肩背　圍收過膝
兩目注平　息調心謐

16

卧虎撲食勢

兩足分蹲身似傾　屈伸左右骽相更
昂頭胸作探前勢　偃背腰還似砥平
鼻息調元均出入　指尖著地賴支撐
降龍伏虎神仙事　學得真形也衛生

打躬勢

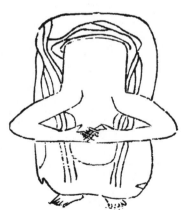

兩手齊持腦　垂腰至膝間

頭惟探胯下　口更齧牙關

掩耳聰教塞　調元氣自閒

舌尖還抵腭　力在肘雙彎

掉尾勢

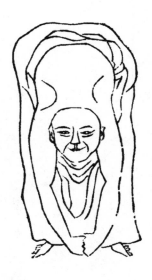

膝直膀伸
推手自地
瞪目昂頭
疑神壹志

一、韦驮献杵第一式

【练法】

1.两脚并步，正身直立；两掌垂放体侧，呼吸自然。目视前方。（图 1-1）

2.左脚向左开步，两脚间距略比肩宽，两脚平行，脚尖向前。（图 1-2）

3.两掌自体侧平抬，直臂前举，约与肩平，掌心相对，掌尖向前。（图 1-3）

4.两臂屈肘收回，两掌合十胸前，两掌尖斜向前上约30度，两掌尖约与喉平，虚腋。（图 1-4）

图 1-1

图 1-2

【注】

动作要缓，柔韧有力。闭口合齿，以鼻呼吸，气息徐缓，与动作协调一致。以下皆同。

初练时，先熟悉动作，不管是呼是吸，任其自然。等练法掌握纯熟了，再结合呼吸。

所有武功，不同的动作结合不同的呼吸，就可产生不同的功效，读者应根据自己不同的练功目的，勤加体悟，活学活用。

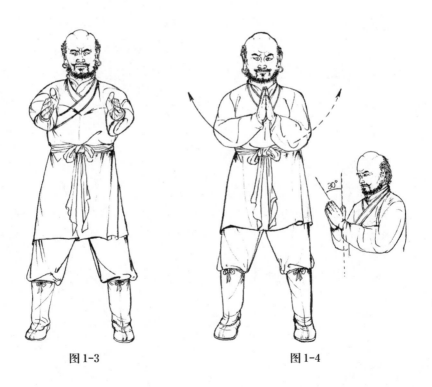

图1-3   图1-4

二、韦驮献杵第二式

【练法】

1. 两肘向两侧分展上抬，至与肩平；两掌心向下，掌尖相对。（图1-5）

2. 两掌向前直臂伸出，掌心向下，掌尖向前，高与肩平。（图1-6）

3. 两掌向左右两侧直臂分展，掌心向下，掌尖向外，高与肩平。（图1-7）

4. 坐腕立掌，两掌尖上翘，掌根向外撑劲，腕高平肩。（图1-8）

图1-5　　　　　　　　　　　　图1-6

图 1-7

图 1-8

23

三、韦驮献杵第三式

【练法】

1. 松腕平掌，直臂向前、向里划弧合拢，继屈臂内收胸前，掌心向下，掌尖相对，两肘抬平。（图1-9）

2. 两掌内旋上翻，提至两耳侧，掌心向上，掌尖向里；两肘外展，约与肩平。（图1-10）

图1-9

图1-10

3.双掌伸臂向上托举过顶,掌心向上,掌背对肩,掌尖向里相对,展肩伸肘;两脚跟缓缓提起,前脚掌撑地站稳;微收下颌,咬紧牙关。静立片刻。(图 1-11)

图1-11

四、摘星换斗

【练法】

1. 两脚跟缓缓落地；两掌外分握拳，两拳心斜向下方，拳眼向前，两臂斜向直伸。（图1-12）

2. 两拳变掌伸开，掌尖斜向侧上，拇指在前。（图1-13）

3. 上体略左转，两膝略屈；同时，左掌下摆体前，约与胯平，掌尖向下，掌心向后；右掌斜举旋转，掌心向前，掌尖斜向右上。（图1-14）

4. 两脚不动；以腰带肩，以肩带臂，左掌下摆至身后；右掌摆至左斜上方。（图1-15）

5. 左掌背轻贴腰后；右掌向左下落至左胯外侧，掌尖向下，掌心向里。（图1-16）

图1-12　　　　　　　　　　　　　图1-13

图 1-14

图 1-15

图 1-16

6.直膝，身体右转；同时，右掌向上、向右划弧，过头顶，至右肩侧上，勾腕，肘部略屈，掌心向下，掌尖向左。目视右掌。（图1-17）

7.静立片刻后，两掌左右伸展，一字平肩，掌心向下，掌尖向外；身体转正。（图1-18）

8.上为摘星换斗左式，接做右式。左右式练法相同，方向相反。（图1-19～图1-22）

图1-17

图1-18

图 1-19

图 1-20

图 1-21

图 1-22

五、倒拽九牛尾

【练法】

1. 左脚向左后侧撤步，右脚跟内转，成右弓步；同时，左掌下落至左胯后侧；右掌向前上提，屈臂成半弧状，高约与眼平。两掌随即握拳，从小指依次屈指，左拳心向后，拳面向下；右拳心向后，拳面向上。(图1-23)

2. 身体重心向左后移，左膝微屈，腰稍向右转，以腰带肩，以肩带臂，两臂屈肘，两拳合劲拽拉。右拳外旋，向下、向里用力；左拳内旋，向上、向里用力。(图1-24)

图1-23   图1-24

3.身体重心前移，右膝前弓，腰微向左转；同时，以腰带肩，以肩带臂，两拳放开，前后伸展。（图1-25）

重复练习上述拽拉、伸展动作，次数自定。

4.身体重心移至右脚，左脚稍进，右脚尖转正，两脚开立；同时，两拳变掌，垂放体侧。（图1-26）

图1-25   图1-26

5.换练左式。（图 1-27 ～图 1-29）

图 1-27

图 1-28

图 1-29

六、出爪亮翅

【练法】

1. 右脚稍进，两脚开立；同时，双掌向侧平举，一字平肩，掌心向前，掌尖向外。（图 1-30）

2. 两掌向前直臂合拢，至与肩宽为度，掌尖向前，掌心向里相对。（图 1-31）

图 1-30

图 1-31

3.两臂屈肘，两掌内收至肩前，掌心相对，掌尖向上。（图1-32）

4.展肩扩胸，两掌伸臂向前推出，五指逐渐张开，成荷叶掌；瞪目前视，身体保持中正挺立。（图1-33）

图1-32　　　　　　　　　　图1-33

5.松腕，虚掌，掌心含空，屈肘，双臂回收，两掌背约与肩平，掌尖向前。（图1-34）

6.两掌变柳叶掌（五指相并），收至肩前，掌心相对，掌尖向上。（图1-35）

重复练习上述推出、收回动作，次数自定。

图1-34   图1-35

七、九鬼拔马刀

图1-36   图1-37

【练法】

1.上体向右转动；同时，右掌向外、向下划弧，掌心向上，掌尖向左；左掌向里、向下划弧，掌心向下，掌尖向右。（图1-36）

2.右掌后伸，掌尖斜向下；左掌伸至左前上方，掌尖斜向上。（图1-37）

3.上体向左转动，双掌反向划弧。（图1-38）

4.身体继续左转；右掌绕头半周，中指按压左耳廓，掌心按住后脑；左掌反贴后背，以掌背贴住背脊，尽量上推。定式后，目视左后下。（图1-39）

5.身体向右转动，展臂扩胸；目视右上。静立片刻。（图1-40）

6.膝部略屈，上体向左转动；右臂向内回收，含胸；左掌沿脊柱上推。目视左后下，稍停片刻。（图1-41）

左右转头，重复数次。

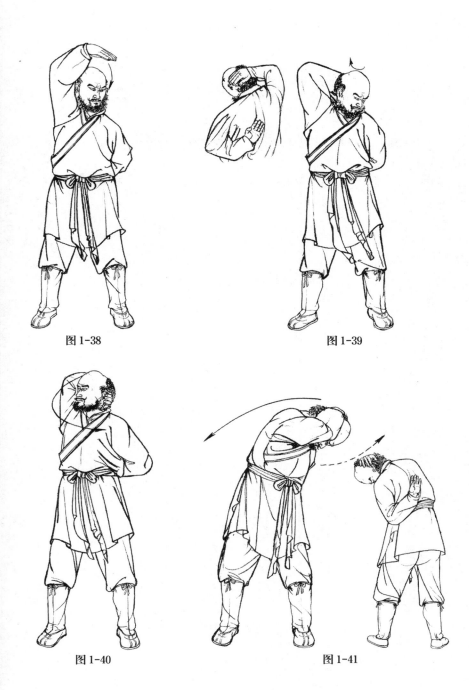

图 1-38

图 1-39

图 1-40

图 1-41

7. 直膝，身体转正；同时，两掌左右分展，一字平肩，掌心向下，掌尖向外。（图 1-42）

8. 换练左式。（图 1-43 ～ 图 1-46）

图 1-42   图 1-43

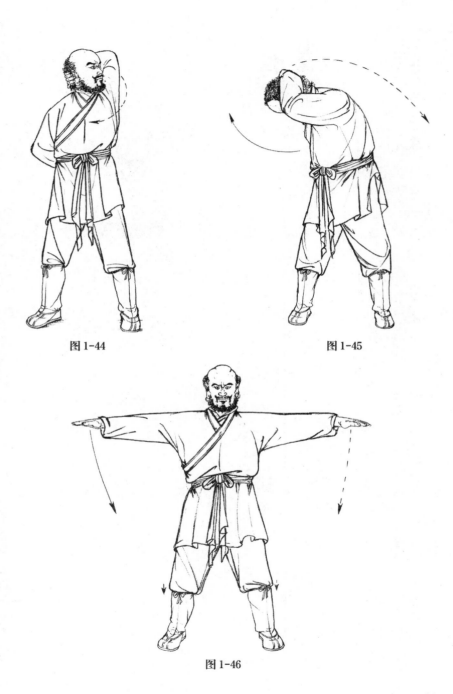

图 1-44

图 1-45

图 1-46

八、三盘落地

【练法】

1. 屈膝稍蹲；同时，沉肩、坠肘，两掌逐渐用力下按，高约与胯平，掌心向下，掌尖向外。（图 1-47）

2. 两掌外旋上提，掌心向上，掌尖向外，两肘微屈。（图 1-48）

图 1-47

图 1-48

3. 双掌上托，侧举平肩；同时，缓缓起身直立。（图1-49）
然后屈膝，如此练习3次。

4. 第二次，半蹲。（图1-50）

图 1-49

图 1-50

5. 第三次，全蹲。（图1-51）

6. 两掌外旋上托，侧举平肩；同时，缓缓起身直立。（图1-52）

图1-51

图1-52

九、青龙探爪

【练法】

1. 两手"握固"，屈肘内收于腰际，拳心向上。（图1-53）

2. 左拳不动；右拳变掌，向右下方伸直右臂，掌心向上，掌尖斜向下。（图1-54）

3. 右掌向上直臂提起，掌心向上，掌尖斜向上，约与口平。目视右掌。（图1-55）

4. 右臂屈肘，右掌松腕成爪，爪尖向左，爪心向下。（图1-56）

5. 右爪向左下拗伸，爪心向左，腕高平肩；躯干向左侧转动，转至约90度；目随手动，目视右爪。（图1-57）

6. 伸指成掌，一字平肩，掌心向下，掌尖向左。目视右掌。（图1-58）

图1-53   图1-54

43

图 1-55

图 1-56

图 1-57

图 1-58

7. 上体向左前屈，右掌下按至左脚外侧，掌心向下，掌尖向外。（图1-59）

8. 右掌沿体前向右脚外侧划弧，至右脚尖外侧，掌尖向前。（图1-60）

9. 右掌旋腕，屈指"握固"，拳眼向外，拳心向前。（图1-61）

10. 上体向上伸立而起；右拳收于腰际，拳心向上。（图1-62）

11. 换做青龙探爪之右式。（图1-63～图1-68）

图 1-59

图 1-60

图 1-61

图 1-62

图 1-63

图 1-64

图 1-65

图 1-66

图 1-68

图 1-67

十、卧虎扑食

【练法】

　　1.右脚尖内扣，身体左转约90度；同时，左脚后收，成左丁步。（图1-69）

　　2.左脚向前迈出一大步，成左弓步；同时，两拳变成虎爪，向前、向上伸臂推出（扑按），爪心向前，虎口在里相对，腕与肩平。（图1-70）

图1-69　　　　　　　　　　　　　　　图1-70

3.躯干由腰部至胸部，逐节屈伸，重心前后适度移动；同时，双爪向下、向后、向上、向前，绕环一周。（图1-71～图1-74）

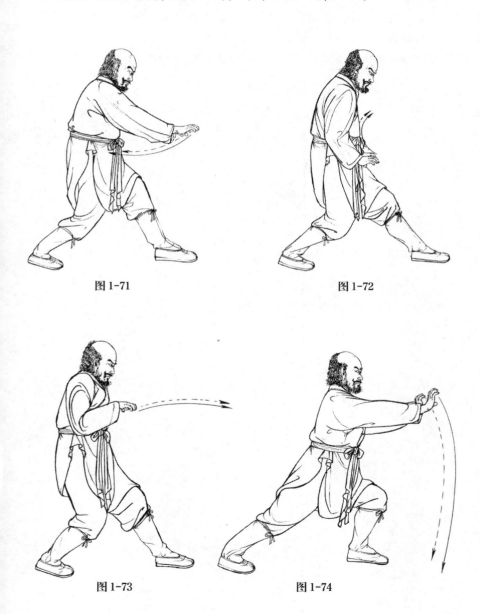

图1-71

图1-72

图1-73

图1-74

4. 上体下俯，两爪按地；左腿屈膝全蹲；右腿屈膝下跪，提起脚跟，脚前掌着地。随即，塌腰、挺胸、抬头、瞪目；目视前上方。（图1-75）

5. 起身，双手"握固"，收抱腰际；身体重心后移，左脚尖内扣；同时，右转体约180度；右脚内收，成丁步。（图1-76）

6. 换做卧虎扑食之右式。（图1-77、图1-78）

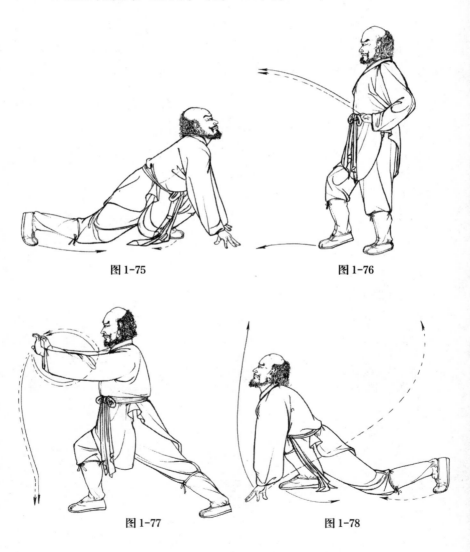

图1-75　　　　　　　　　　　　　图1-76

图1-77　　　　　　　　　　　　　图1-78

十一、打躬

图 1-79

图 1-80

【练法】

1.起身，身体重心后移，随即身体转正；右脚尖内扣，脚尖向前；收回左脚，成开立步；同时，两手外旋，掌心向前，掌尖斜向下，两掌低于肩。（图 1-79）

2.两臂屈肘，两掌上收，掌心掩耳，十指按于脑后，掌尖相对。此时，可以用食指弹拨中指，食指指腹顺势下落击打后脑（鸣天鼓）；也可直接连接下个动作。（图 1-80）

3.身体向前下俯，由头至颈椎、胸椎、腰椎、骶椎，从上向下逐节牵引前屈，前屈小于 90 度。动作要缓，伸直两腿。目视脚尖，停留片刻。（图 1-81）

从骶椎至腰椎、胸椎、颈椎、头，由下向上依次逐节伸直后成直立，动作要缓。重复打躬 3 次，逐渐加大身体前屈幅度，并保持静止一会。

4.第二次，前屈约 90 度。（图 1-82）

5.第三次，前屈大于 90 度。（图 1-83）

6.从骶椎至腰椎、胸椎、颈椎、头，由下向上依次逐节伸直后成直立，动作要缓。（图 1-84）

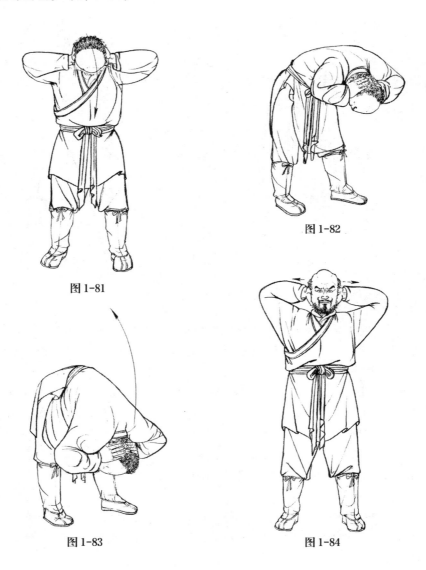

图 1-81

图 1-82

图 1-83

图 1-84

十二、掉尾

【练法】

1. 起身直立，双掌拔离两耳。（图 1-85）

2. 两掌平行前推，至臂伸直，掌心向前，掌尖向上，腕高平肩。（图 1-86）

3. 两掌翻转，十指相叉，虎口在上，掌心向里，两臂成半弧状，高与胸平。（图 1-87）

4. 肘部弯曲，翻掌前撑，掌心向前，虎口向下。（图 1-88）

5. 屈肘，翻掌收于胸前，掌心向下，虎口在里。（图 1-89）

6. 上体向前下屈，塌腰，抬头；两掌交叉徐徐下按，接近地面。（图 1-90）

图 1-85

图 1-86

图 1-87

图 1-88

图 1-89

图 1-90

7. 头向左后侧转动；同时，臀部向左侧扭动。目视左后。（图1-91）

8. 双掌交叉不动，还原如图1-90之式。（图1-92）

9. 头部向右后转动；同时，臀部向右扭动。目视右后。（图1-93）

10. 两掌交叉不动，还原如图1-90之式。（图1-94）

重复练习上述动作。

11. 双掌松开外分，掌尖向下，掌心向里。（图1-95）

12. 上体缓缓起立；同时，两臂伸直外展，掌心向上，掌尖向外。继上举屈肘，两臂成半弧，掌心对肩斜向下，掌尖遥遥相对。（图1-96）

图1-91

图1-92

图1-93

图1-94

13.双掌继续向下、向里收按，至小腹两侧，掌心向下，掌尖向里。（图1-97）

14.左脚收拢，并步正立；两掌垂放体侧；调匀呼吸。全功收式。（图1-98）

图 1-95

图 1-96

图 1-97

图 1-98

第二章

韦驮易筋经（24 式）

韦驮门，少林古传名门，创自北魏少林寺慧光大师。此门崇尚武功，勇冠武林。今选其"易筋经 24 式"献于同道。

韦驮易筋经，遵循韦驮门"强壮功"秘诀，是韦驮门真传功夫。《韦驮门秘谱·易筋经》载："韦驮真功，易筋秘经；祛病降魔，保寿佑生；强体壮身，神力大增。"

此功有动有静，动静相宜，内外相合；造型古朴，简便易学，功效显著。经常练习，既可舒筋顺气，柔体松身，除疲祛病，养生保健；又可强筋壮骨，使人精神旺盛，气力大增。

一、韦驮一献杵

【练法】

1.两脚并步，正身直立；两掌垂放体侧，呼吸自然。目视前方。（图2-1）

2.左脚向左横跨一步，两脚间距约宽于肩。（图2-2）

3.两掌自体侧向上划弧，合掌胸前。（图2-3）

4.两腿下蹲成低马步，双掌互相用力推压，配合呼吸。

呼气时，双掌用劲（此为暗劲，外形不显）互推；吸气时，仍保持推劲不放松。（图2-4）

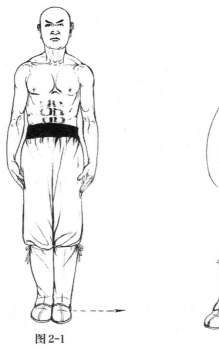

图2-1

图2-2

【注】

各式练习次数与时间自行确定，以循序渐进为原则。

图 2-3   图 2-4

二、韦驮二献杵

【练法】

两脚并步；两掌向身体两侧分撑，两臂伸开，腕高同肩，掌心向外，掌尖向上。

呼气时，双掌用劲外撑；吸气时，仍保持撑劲不放松。（图2-5）

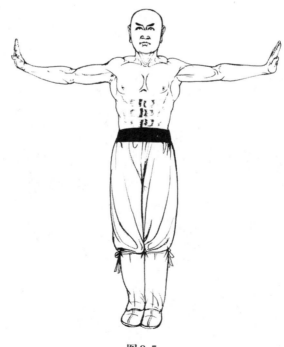

图2-5

60

三、韦驮三献杵

【练法】

　　两脚并步；两掌上托，过顶对肩，掌心向上，掌尖斜相对；双目上望。呼气时，双掌用劲上推；吸气时，仍保持推劲不放松。（图 2-6）

图 2-6

四、青龙探爪

【练法】

两脚并步；两手向前推出，宽、高同肩，掌尖向上，掌心向前。

呼气时，双掌用劲前推；吸气时，仍保持推劲不放松。（图2-7）

图2-7

五、三盘落地

【练法】

两脚分开，屈膝下蹲成马步，脚趾抓地，身微前倾；两掌置于裆前，掌心向下，掌尖相对。

呼气时，双掌用劲下按；吸气时，仍保持按劲不放松。（图2-8）

图2-8

六、千斤坠地

【练法】

　　两脚分开，略比肩宽，两脚平行而立；双掌置于身体两侧，掌心向下，掌尖向前。

　　呼气时，双掌用劲下按；吸气时，仍保持按劲不放松。（图2-9）

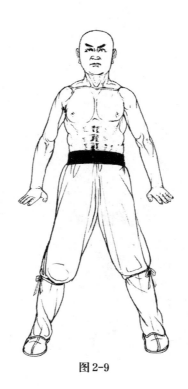

图2-9

64

七、霸王举鼎

【练法】

两脚分开，略比肩宽，平行而立，两膝挺直；双手握拳，向肩正上举起，宽度同肩，拳眼相对，拳面向上。

呼气时，双拳用劲握紧；吸气时，仍保持握劲不放松。（图2-10）

图2-10

八、气冲斗牛

【练法】

　　两脚分开，略比肩宽，两膝挺直；双手握拳向前伸出，宽、高同肩，拳心相对，拳面向前。

　　呼气时，用劲握拳；吸气时，仍保持握劲不放松。（图2-11）

图2-11

九、顶天立地

【练法】

两脚分开，屈膝下蹲成马步；两手握拳，置于头侧，前臂竖直，后臂平肩，两拳高过头顶，拳心向里，拳面向上。

呼气时，双拳用劲握紧；吸气时，仍保持握劲不放松。（图2-12）

图2-12

十、丹田鼎炉

【练法】

　　两脚分开，屈膝下蹲，成马步；两拳握于腹前，稍屈臂内压，拳面相对，拳眼向上。

　　呼气时，双拳握紧内压；吸气时，仍保持握劲不放松。（图2-13）

图2-13

十一、怀中抱月

【练法】

　　两脚分开，屈膝下蹲，成马步；双手握拳，屈臂交叉，右内左外，拳眼向上，拳面向外，高度过肩。

　　呼气时，用劲握紧推压；吸气时，仍保持握劲不放松。（图2-14）

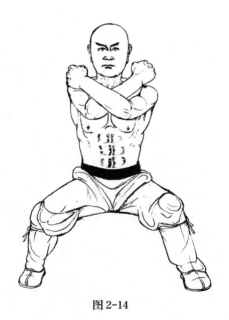

图2-14

十二、龙吞虎纳

【练法】

两脚分开，屈膝蹲成高马步；两拳握于体侧，高与腰平，拳眼向前，拳面向下，两臂向外分张成半弧形。

呼气时，双拳用劲握紧；吸气时，仍保持握劲不放松。（图 2-15）

图 2-15

70

十三、仙鹤舒翅

【练法】

1. 两脚并步，正身直立；两掌垂放体侧，呼吸自然。目视前方。（图 2-16）

2. 左脚向左侧横跨一步，与肩同宽；两掌弧形向前平举，再屈肘回收至胸前，掌心向下，掌尖向里，臂与肩平，双肘尽力外张。（图 2-17）

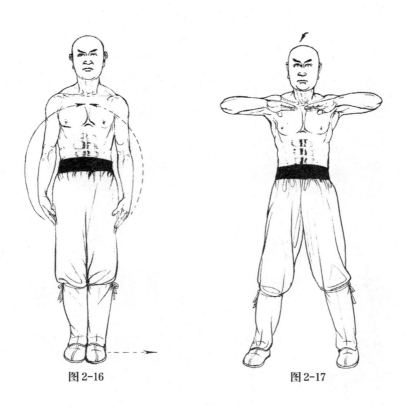

图 2-16   图 2-17

3.两掌缓慢向前平伸，掌心向下，掌尖向前，高与肩平；低头，俯视。（图2-18）

4.头部慢慢抬起，两掌随之。目视前方。（图2-19）

5.仰头；双掌侧展，一字平肩，掌心向下，掌尖向外。头尽量后仰，目光上视。（图2-20）

6.两掌上举，两臂内旋，掌心向上，掌尖向里，两肘稍屈；头部继续后仰。（图2-21）

7.头部回正，双掌下落，成开步正立式。（图2-22）

如此连续反复练习，次数自行确定。

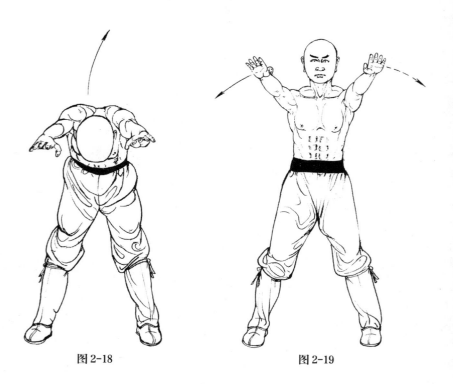

图2-18　　　　　　　　　　　图2-19

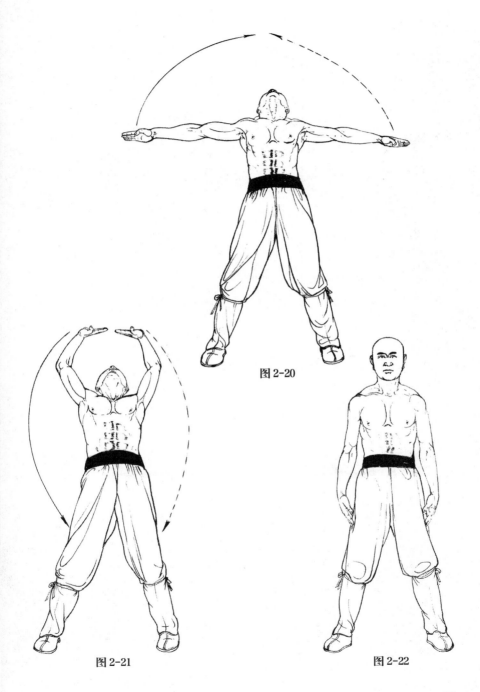

图 2-20

图 2-21

图 2-22

十四、黄龙缠腰

【练法】

1. 两脚并步，正身直立；两掌垂放体侧，呼吸自然。目视前方。（图 2-23）

2. 左脚向左侧横跨一步，两脚略宽于肩；两手后伸，右手握左腕，贴于腰后。（图 2-24）

3. 头部右倾；同时，右手向右侧拉提左手。幅度自行把握。（图 2-25）

4. 两手复原，头部回正。两手后伸，左手握右腕，贴于后腰。（图 2-26）

5. 左手向左侧拽提右手；同时，头部左倾。（图 2-27）

6. 两手松握，垂放体侧；正头竖颈，挺身直立。（图 2-28）

反复连续练习。

图 2-23

图 2-24

图 2-25

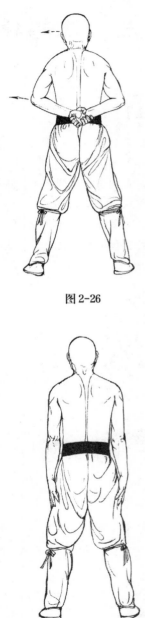

图 2-26

图 2-27

图 2-28

十五、雄鹤独立

【练法】

1. 两脚并步，正身直立；两掌垂放体侧，呼吸自然。目视前方。（图2-29）

2. 左脚向左横跨一步，两脚与肩同宽；双掌由体侧举起，在顶上合十，两肘稍屈。（图2-30）

3. 双掌合十落于胸前；同时，右脚搭在左膝上侧，左腿弯曲。保持这个姿式数秒（时间自定），自然呼吸。（图2-31）

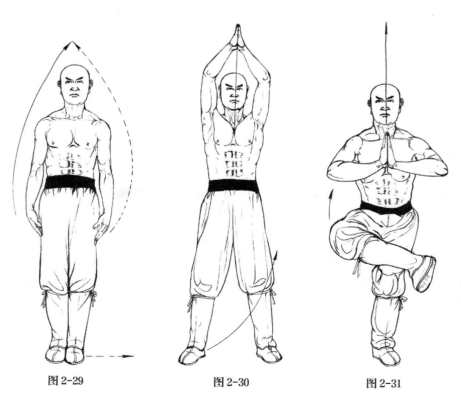

图2-29　　　　　　　　图2-30　　　　　　　　图2-31

76

4. 双掌上举到顶上；同时，左脚挺直，右膝提起，成左独立步。保持这个姿式数秒。（图2-32）

5. 右膝向右打开；双掌合十不变。（图2-33）

图2-32   图2-33

6.双掌向两侧下落展臂，一字平肩，掌尖向外；下盘不变。（图2-34）

7.落两掌，垂放体侧；落右脚，开步站立。（图2-35）

图2-34

图2-35

8.上为右式，换练左式。（图2-36～图2-41）
左右反复连续练习。

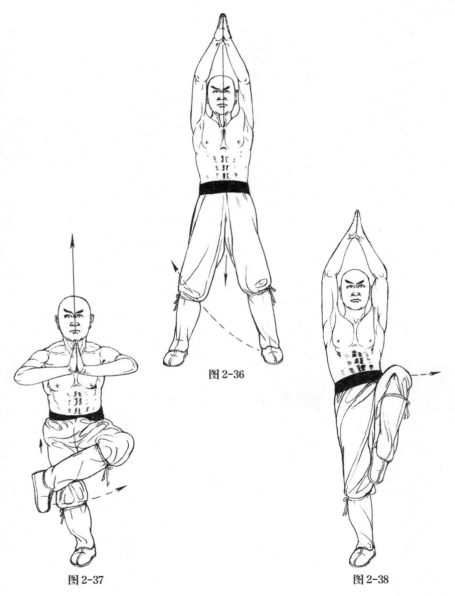

图 2-36

图 2-37

图 2-38

图 2-39

图 2-40

图 2-41

十六、龙争虎斗

【练法】

1. 两脚并步，正身直立；两掌垂放体侧，呼吸自然。目视前方。（图2-42）

2. 右脚向右横跨一大步；两手上举顶上，右手握拳，左手握住右腕。（图2-43）

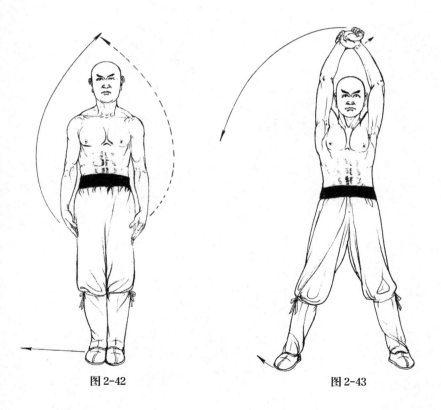

图2-42　　　　　　　　　　　　　　　图2-43

3. 上体右转，成右弓步；同时，右手握拳向右平伸，高与肩平；左手变掌，向上托架。（图 2-44）

4. 左掌向前握住右腕，身体右倾。保持姿式数秒，自然呼吸。（图 2-45）

5. 两手上举顶上，左手握右腕不变；左转，两腿成大开步正立式。目视正前方。（图 2-46）

图 2-44

图 2-45

图 2-46

6. 上体左转，成左弓步；左手握拳，向左平伸，高与肩平；右手变掌，向上托架。（图2-47）

7. 右手向前握左腕，身体左倾。保持姿式数秒。（图2-48）

8. 右脚收步并立，上体转正，两掌垂放。（图2-49）

左右反复连续练习。

图 2-47

图 2-48

图 2-49

十七、回头望月

【练法】

1. 两脚并步，正身直立；两掌垂放体侧，呼吸自然。目视前方。（图 2-50）

2. 右脚向右横跨一大步。（图 2-51）

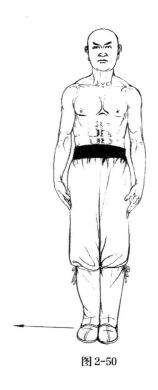

图 2-50

图 2-51

3. 左掌提向右肩，掌尖向上，掌心向里。随即，头向右旋；右掌背贴于腰后，掌尖向左；左掌稍上提。目视右后。（图 2-52、图 2-53）

图 2-52

图 2-53

4. 向右大幅拧腰，成回头望月状。保持静式数秒，自然呼吸。（图2-54）

5. 缓慢还原成开步正立式；两掌垂放。（图2-55）

6. 上为右式，换练左式。（图2-56～图2-59）

左右反复连续练习。

图2-54

图2-55

图2-56

图 2-57

图 2-58

图 2-59

十八、打躬

【练法】

1.两脚并步，正身直立；两掌垂放体侧，呼吸自然。目视前方。（图2-60）

2.右脚向右横跨一大步；两掌垂贴两大腿侧。（图2-61）

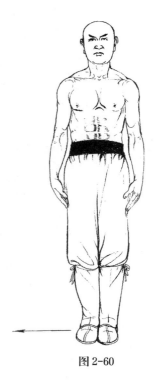

图 2-60

图 2-61

3.两腿下蹲成马步；同时，两掌向后、向上、向前、向下划弧，按于两膝。（图 2-62）

4.两掌沿腿侧上提腰后，掌指交叉，拇指在上，掌心向后，掌背贴身；同时，两腿起立，弯腰前俯。目视后下。（图 2-63）

图 2-62

图 2-63

5. 缓缓向后仰身。目视后上。（图2-64）

6. 起身。（图2-65）

反复练习。

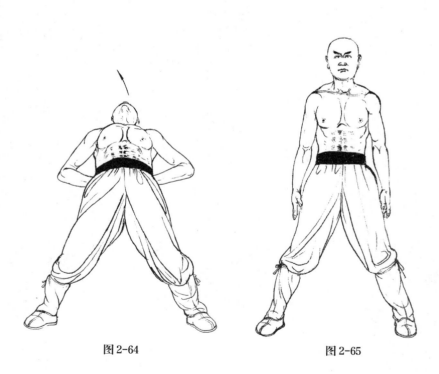

图2-64　　　　　　　　　　　图2-65

十九、摘星换斗

【练法】

1. 两脚并步，正身直立；两掌垂放体侧，呼吸自然。目视前方。（图2-66）

2. 右脚向右横跨一大步。（图2-67）

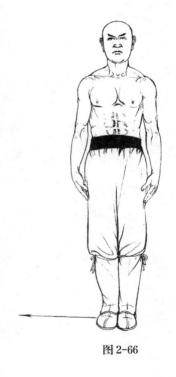

图2-66

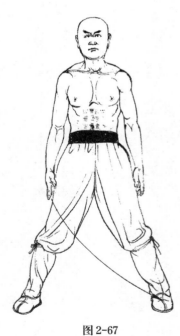

图2-67

3. 左掌背紧贴腰后；右掌下按于左脚面上；上体前屈，两腿挺直。（图 2-68）

4. 右掌向右上方划弧，掌心向上，掌尖向右，高与眼平。目视右掌。（图 2-69）

5. 右掌后划；仰身。（图 2-70）

图 2-68

图 2-69

图 2-70

6. 仰身；左划。（图 2-71）

7. 右掌从后划至左前上方，高与额平。（图 2-72）

8. 右掌翻转，掌心向上，高与肩平。（图 2-73）

图 2-71

图 2-72

图 2-73

9. 右掌向下划至右侧方，高与腰平；左掌向左下侧伸出，高与腰平。两掌心皆向下。目视右掌。（图2-74）

10. 右掌划至腰后，掌背贴身；同时，左掌向右划按，至右脚面上；上体前屈，两腿挺直。此为左式开始。（图2-75）

11. 练习左式。（图2-76～图2-82）

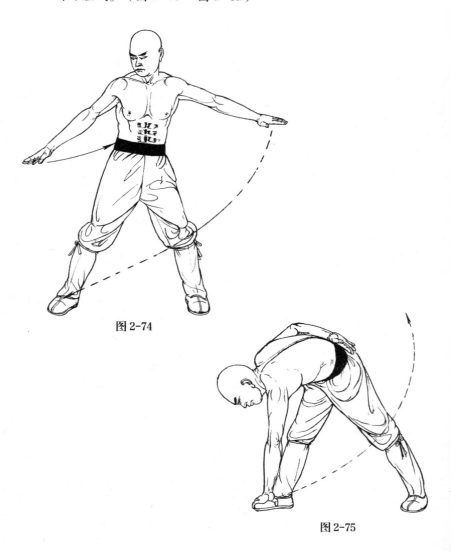

图2-74

图2-75

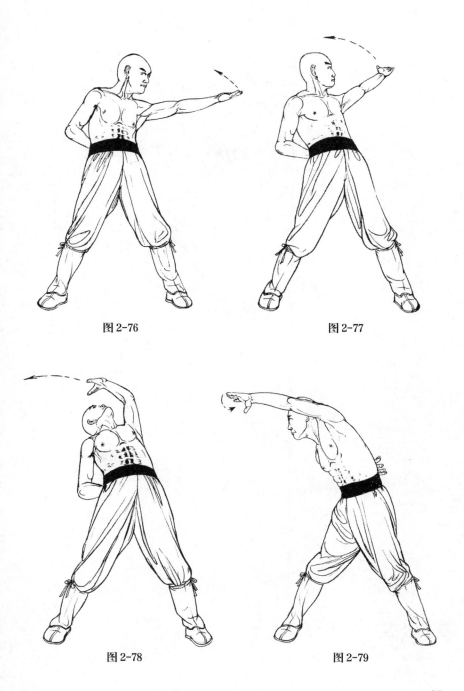

图 2-76

图 2-77

图 2-78

图 2-79

图 2-80

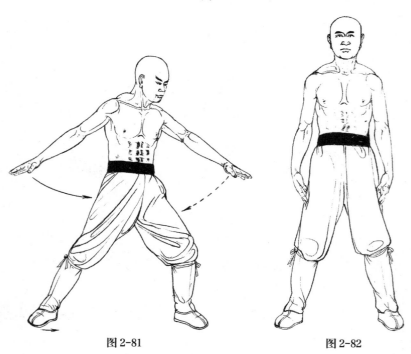

图 2-81

图 2-82

二十、虎踞龙盘

【练法】

1. 两脚并步，正身直立；两掌垂放体侧，呼吸自然。目视前方。（图2-83）

2. 右脚向右横跨一步，比肩稍宽。（图2-84）

图2-83

图2-84

3.身体右转约180度，两腿盘曲；左掌按于左脚内侧；右掌背贴于腰后，掌尖向左。目视左掌。（图2-85）

4.转身起立还原。（图2-86）

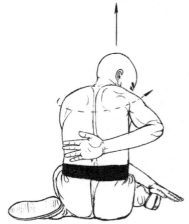

图2-85

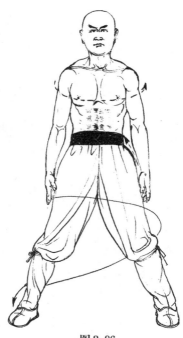

图2-86

5. 身体左转约 180 度，两腿盘曲；右掌按于右脚内侧；左掌背贴于腰后。（图 2-87）

6. 转身起立还原。（图 2-88）

左右反复练习。

此式动作难度较大，初练时两腿稍微弯曲盘叉即可，慢慢练习，渐渐增大柔韧灵活度，自然有成。

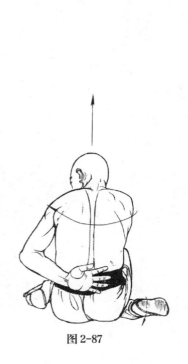

图 2-87

图 2-88

二十一、仙鹤伸腿

【练法】

1.两脚并步，正身直立；两掌垂放体侧，呼吸自然。目视前方。（图2-89）

2.左腿直立；右手抱右膝、左手握右脚，一齐上提。保持静式数秒，自然呼吸。（图2-90）

3.左手抓住右前脚掌，右手扶住大腿外侧，右脚向前缓缓蹬出。保持静式数秒。（图2-91）

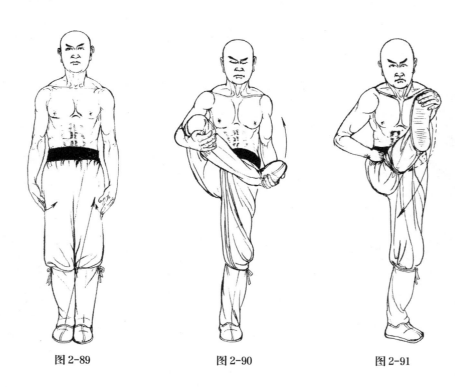

图2-89　　　　　　　　图2-90　　　　　　　　图2-91

4. 收脚，双手抱于右膝下，向上、向里提拉。（图 2-92）

5. 右脚落地，开步站立。（图 2-93）

6. 上为右式，换练左式。（图 2-94 ～ 图 2-97）

左右反复练习，循序渐进，不可过猛、过疲。

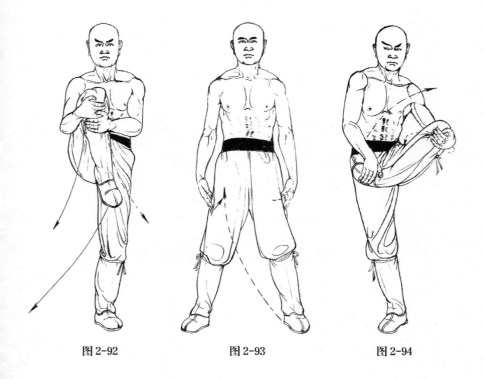

图 2-92　　　　　　　图 2-93　　　　　　　图 2-94

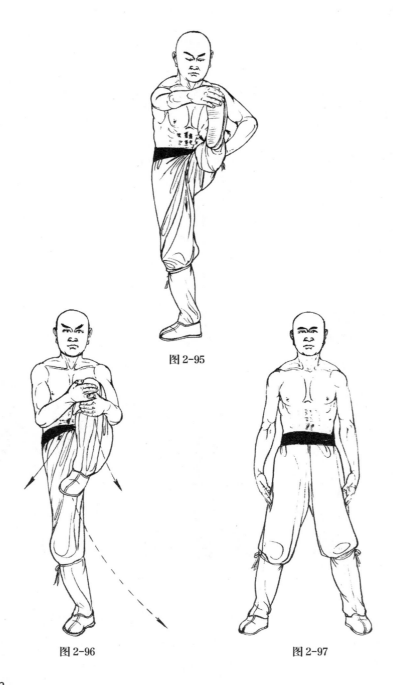

图 2-95

图 2-96

图 2-97

二十二、烈马蹶蹄

【练法】

1. 两脚并步，正身直立；两掌垂放体侧，呼吸自然。目视前方。（图2-98）

2. 左腿直立，右腿屈膝上提；左手抱右膝，右手抱右脚。（图2-99）

图2-98

图2-99

3. 双手提膝近胸。（图 2-100）

4. 右膝下垂，左手撒开；右手抓住右脚，提向右后。（图 2-101）

5. 左手后伸，与右手一齐在身后握住右脚面，向里拉伸；同时，上身后挺。保持静式数秒，自然呼吸。（图 2-102）

图 2-100

图 2-101

图 2-102

6. 并步还原。（图 2-103）

7. 上为右式，换练左式。（图 2-104～图 2-108）

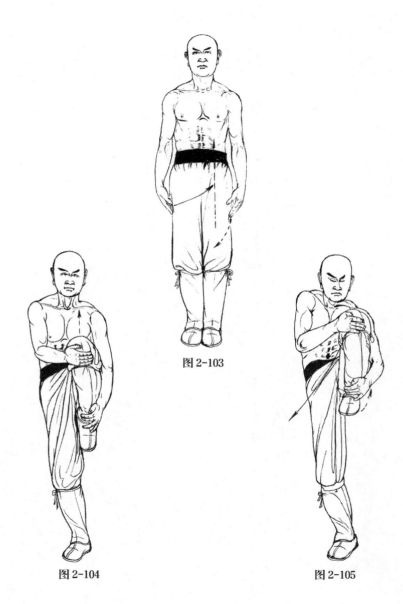

图 2-103

图 2-104

图 2-105

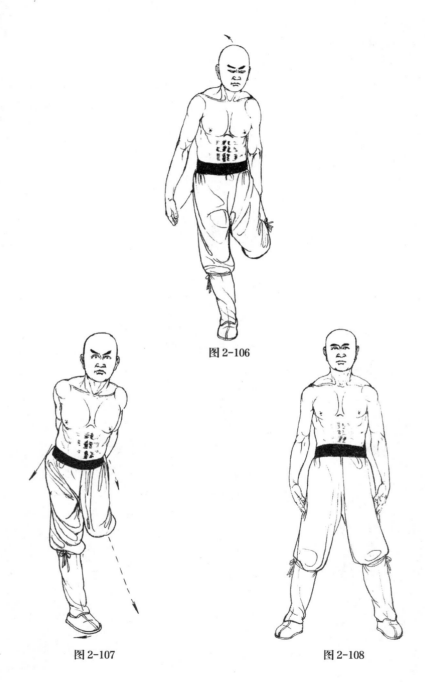

图 2-106

图 2-107

图 2-108

二十三、左右开弓

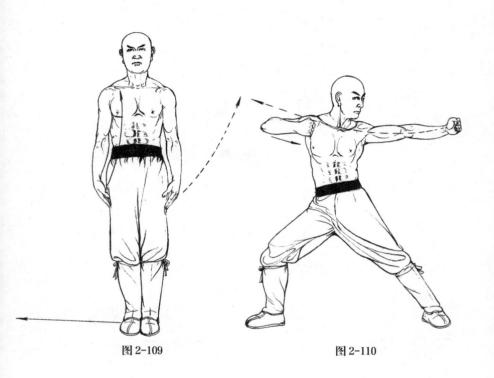

图 2-109　　　　　　　　　图 2-110

【练法】

1.两脚并步，正身直立；两掌垂放体侧，呼吸自然。目视前方。（图2-109）

2.右脚向右迈步，成右横裆步；同时，两拳成开弓式。左掌握拳，伸臂外展与肩平，拳眼向上，拳面向左；右掌握拳，屈肘于右肩前，拳眼向上，拳面向左。目视左前。（图2-110）

3. 身体右转，左拳伸臂向右，右臂屈肘后拉，成右弓步开弓式。目视右前方。（图2-111）

4. 头部向右旋转，目视右后方；同时，右肘充分后顶。保持静式拉紧数秒，自然呼吸。（图2-112）

5. 上为左式，换练右式。（图2-113～图2-116）

图2-111

图2-112　　　　　　　图2-113

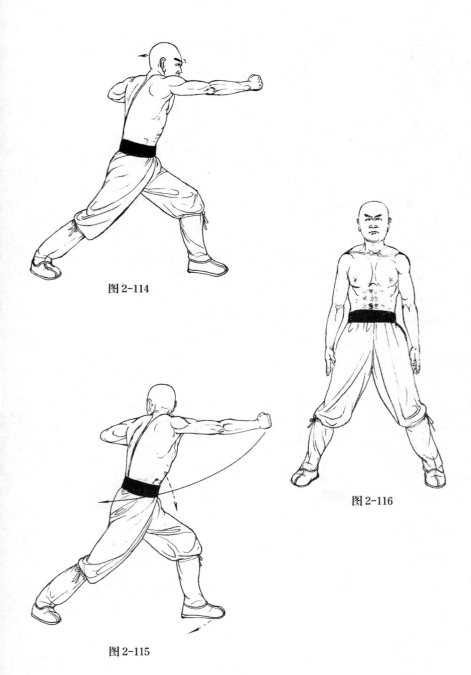

图 2-114

图 2-115

图 2-116

二十四、灵山拜佛

【练法】

1.两脚并步，正身直立；两掌垂放体侧，呼吸自然。目视前方。（图 2-117）

2.两膝向前跪地；双掌上举，在顶上合十，肘节微屈；仰面，上视。（图 2-118）

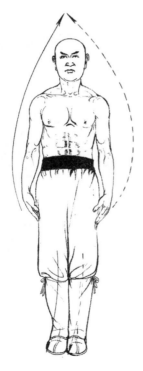

图 2-117

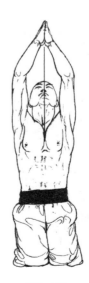

图 2-118

110

3. 正头颈；双掌合十，下落胸前。（图 2-119）

4. 双掌上举；左脚向左伸开仆步，右腿保持跪式。（图 2-120）

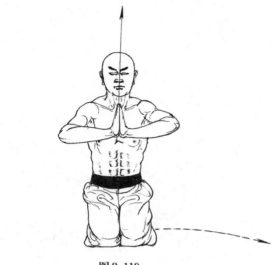

图 2-119

图 2-120

5.两掌左右分展，一字平肩，掌心向下，掌尖向外。（图2-121）

6.左手握住左脚后拉；右掌向上、向左伸展；上体向左弯曲下压。保持静式，拉伸数秒。（图2-122）

图 2-121

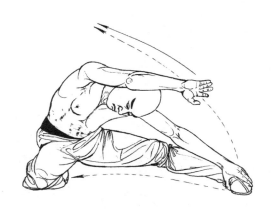

图 2-122

7. 上为左式，换练右式。（图 2-123 ~ 图 2-127）

8. 左右反复连续练习，最后收式。并步正立，两掌垂放，全身放松，调匀呼吸。（图 2-128）

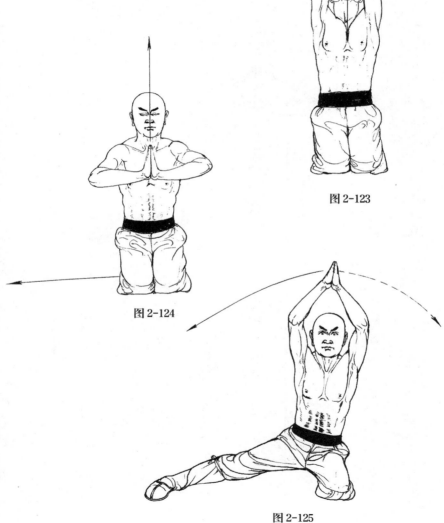

图 2-123

图 2-124

图 2-125

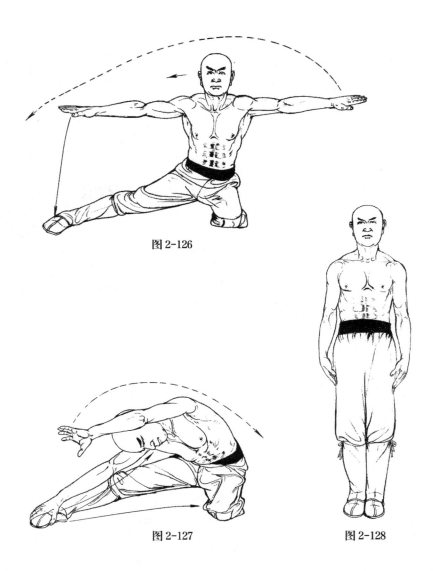

图 2-126

图 2-127

图 2-128

第三章
罗汉易筋经（12式）

　　罗汉易筋经，出自少林罗汉门，属"舒筋活血功"范畴，练法独特，富具变化。

　　罗汉门在少林中地位很高，在武林中名声很大，高手辈出。如近代少林寺"金罗汉"妙兴大师和安徽武术家"江南第一脚"刘百川等，都是一时之秀。尤其刘百川，曾以"罗汉子母鸳鸯连环腿"击败过外国大力士，孙中山先生当时在场，亲书"尚武精神"横匾一额，赞扬其为中华民族争气的壮举。

　　罗汉易筋经与"达摩易筋经"渊源很深，练法相类，也是12式，"以'罗汉手'为式，而参以'达摩手'之义，兼采拳术多种桩步，由浅入深，由内及外。练时以静寓动，动息相应，久则精神活泼，气力大增，实为'筋经合易'不可多得之功"。

一、 献杵式

【练法】

1. 并步正身直立，两掌垂放体侧，呼吸自然。目视前方。（图 3-1）

2. 左脚向左分开一步，两脚间距稍比肩宽。（图 3-2）

3. 两掌左右伸展，两臂伸直，一字平肩，掌心向下，掌尖向外。（图 3-3）

4. 转掌，掌心向前，虎口向上。（图 3-4）

5. 两掌直臂向正前合拢，宽、高同肩，掌心相对，掌尖向前。（图 3-5）

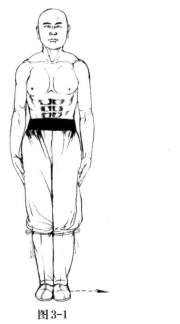

图 3-1

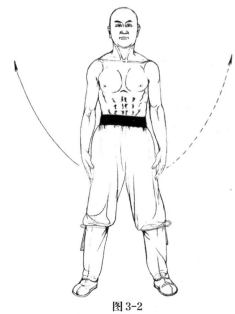

图 3-2

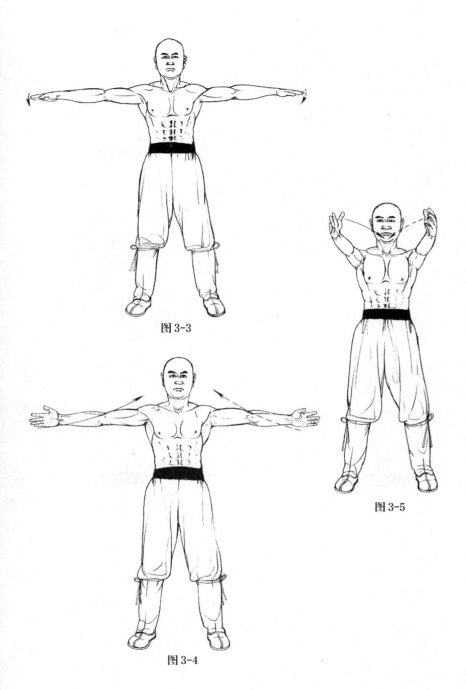

图 3-3

图 3-4

图 3-5

6. 两臂屈肘，两掌内收合掌，掌尖向上，高与鼻平；腕、肘约与肩平。（图3-6）

7. 两掌内旋，掌尖对胸，虎口向下。（图3-7）

8. 掌尖上转。至掌尖向上时，两掌根分开，十指指腹相抵；同时，两肘缓缓拉开，约与肩平。（图3-8）

图3-6

图3-7

图3-8

118

9. 两肘下垂，两掌左右分开在胸前成抱球状，沉肩垂肘，十指微屈，掌心相对。（图3-9）

10. 两掌下落，垂放体侧。（图3-10）

11. 左脚内收，两脚并步，正身直立。（图3-11）

本式反复练习，次数自定。

【注】

1. 本功动作，要求徐缓有力，不宜过快，练习时全身肌筋要适度用劲，以益气增力。

2. 本功呼吸，要求徐缓深长，以运气贯劲。

图3-9

图3-10

图3-11

二、担山式

1. 左脚向左分开一步，两脚间距宽于两肩。（图 3-12）
2. 两掌挺腕翘指，掌心向下，掌尖向前，置于胯外，两臂伸直。（图 3-13）

图 3-12   图 3-13

120

3. 两掌上收小腹两侧，掌心向上，掌尖相对。（图 3-14）

4. 两掌沿腹上移至胸前，掌尖相对，肘尖抬平外张。（图 3-15）

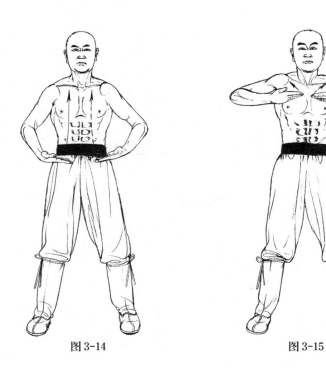

图 3-14　　　　　　　　图 3-15

5.两掌转掌前伸，高、宽同肩，掌尖向前，掌心向上，两臂伸开。（图3-16）

6.两掌左右分展，一字平肩，掌心向上，掌尖向外。（图3-17）

7.转掌，掌心向下；同时，两膝挺直，脚跟提起，前脚掌拄地。（图3-18）

8.两脚跟缓缓放下，全脚着地；同时，两掌下落，垂放体侧。（图3-19）

9.左脚内收，两脚并步，正身直立。（图3-20）

本式反复练习，次数自定。

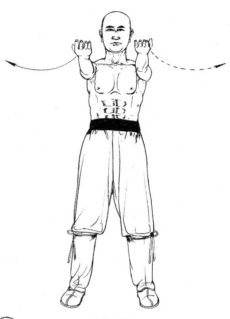

图3-16

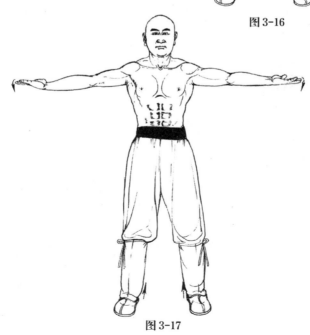

图3-17

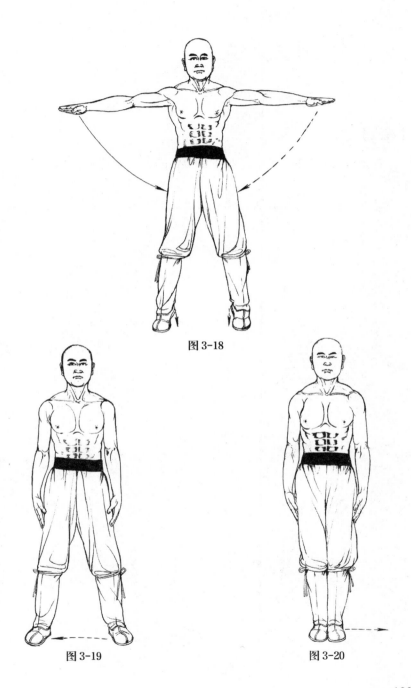

图 3-18

图 3-19

图 3-20

三、托闸式

【练法】

1. 左脚向左分开一步，两脚间距约宽于肩，呼吸自然。目视前方。（图3-21）

2. 两掌内收，掌心向上，掌尖相对，经腹上托至胸前。（图3-22）

图3-21

图3-22

3. 转掌上提，掌心向前，虎口向下，小指高约与眼平。（图3-23）

4. 伸臂举掌于头顶上方，掌心向上，掌尖略相对；同时，脚跟提起；仰面，上视。（图3-24）

5. 脚跟落地；同时，正头颈，两掌左右分开，缓缓展落。至平肩时，坐腕竖掌，掌尖向上，掌心向外，肘部略屈。（图3-25）

6. 两掌放松，下落垂于体侧。（图3-26）

7. 左脚内收，两脚并步，正身直立。（图3-27）

本式反复练习，次数自定。

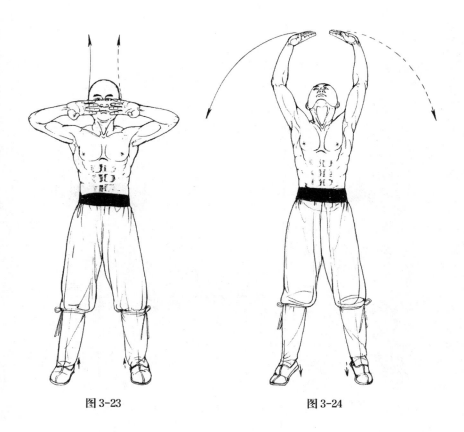

图3-23   图3-24

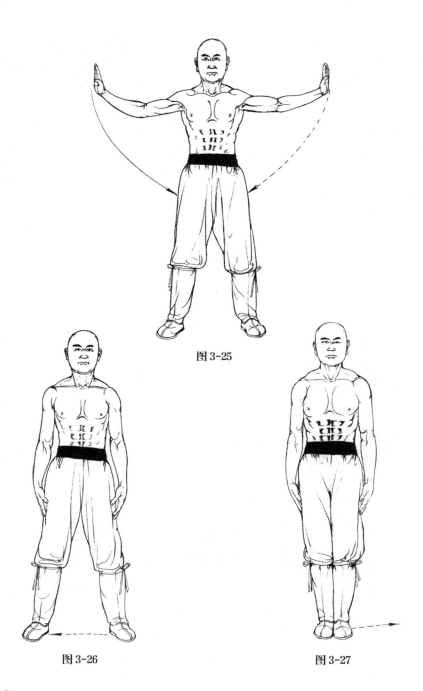

图 3-25

图 3-26

图 3-27

四、拗肩式

【练法】

1. 左脚向左分开一步，两脚间距约宽于肩。目视前方。（图 3-28）
2. 两掌握拳，收抱腰间，拳心向上，拳面向前。（图 3-29）

图 3-28

图 3-29

3. 上体左转，左脚向左前半步，脚跟着地，脚尖翘起，膝部略伸直；重心移于右腿，屈膝半蹲，成左虚步；同时，右拳收于腰后，拳背贴腰；左拳上收左肩前，屈臂垂肘，拳面向上；正头竖项，目视左前。（图3-30）

4. 左前脚掌落地，重心前移，成左弓步；同时，左拳变掌，向左前伸出，掌心向上，掌尖约与鼻平。目视左掌。（图3-31）

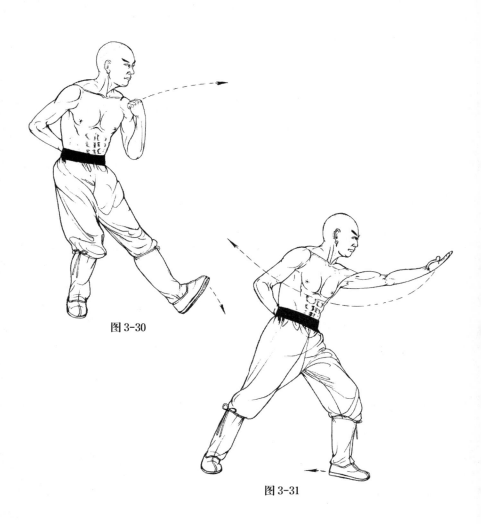

图3-30

图3-31

5.重心右移，上体右转，右腿屈膝，左脚内收半步，成左虚步；同时，左掌向右划弧平摆，至右肩侧前上，肘部略屈，掌心向上，掌尖约与眼平。目视左掌。（图3-32）

6.上体左转；同时，左掌随转体向左划弧至左前方，屈肘竖臂，掌心向里，掌尖向上，高与眼平。（图3-33）

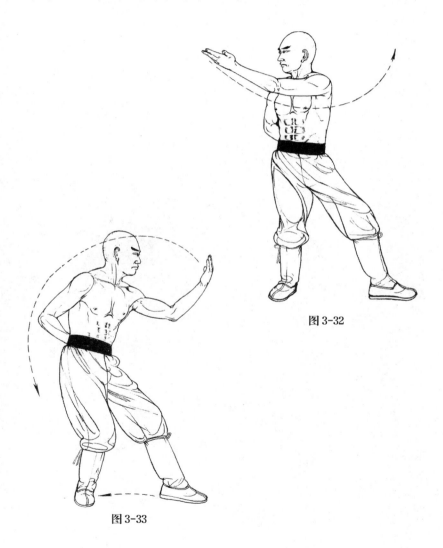

图3-32

图3-33

7. 左脚收至右脚内侧，两脚跟相贴，两脚尖外展，成八字步；上体右转，双腿缓缓下蹲；同时，左掌向右经额前，过右肩，向下划弧，绕右小腿前至左小腿前外侧，掌心向上，掌尖向里。目随视左掌。（图3-34、图3-35）

8. 起身，两脚并步，正身直立；同时，右拳变掌，下落于右大腿侧；左掌垂于左大腿侧。（图3-36）

9. 以上为拗肩左式。接着，练习右式，左右练法相同，方向相反。（图略）

本式左右反复练习，次数自定。

图3-34

图3-35

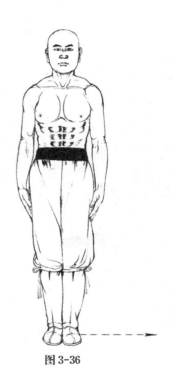

图3-36

五、拽拳式

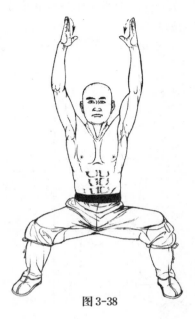

【练法】

1. 左脚向左横开一步，以大开步站立。（图 3-37）

2. 两掌由体侧举至头顶侧上方，掌心相对，掌尖向上，两臂伸开；同时，两腿屈膝半蹲，成马步。（图 3-38）

3. 两掌屈指握拳，拳心相对，拳面向上。（图 3-39）

图 3-38

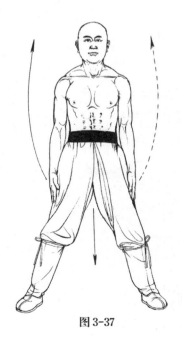

图 3-37

图 3-39

4.屈臂，双拳向下沿体前下落，至裆前下。随之两臂伸直，拳面向下，拳背略相对。（图3-40）

5.两拳上提胸前，拳心向下，拳面相对；同时，屈肘平肩。（图3-41）

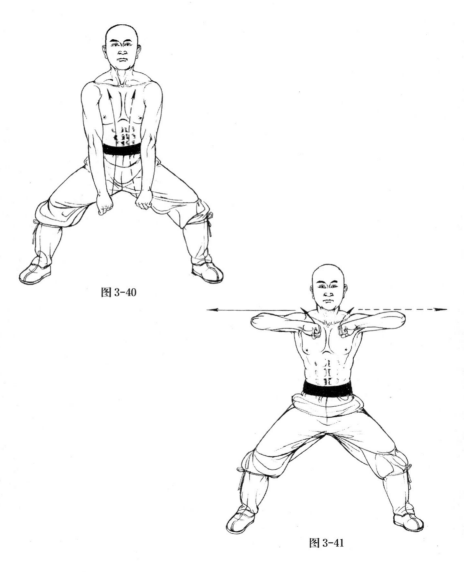

图 3-40

图 3-41

6.两拳变掌，左右分推，挺腕竖掌，掌心向外，掌尖向上，两臂伸展，一字平肩。（图3-42）

7.上体左转，重心移于右腿；左腿伸膝，脚跟内收，脚尖翘起；同时，左掌向下，经腹前划弧至右胸外侧，屈肘坐腕，掌心向右，掌尖向上；右掌上举至头顶上方，屈肘环臂，掌心向上，掌尖向左。目视左前。（图3-43）

图3-42

图3-43

8. 左前脚掌向前落地，右腿蹬伸，左腿屈膝，成左弓步；同时，右掌向左前下按，置于左侧小腹前，掌心向下，掌尖向左；左掌经右肩前向左划弧至左肩前，屈肘竖臂，掌心对面，掌尖向上。随即，左掌屈指握拳，屈肘屈腕，拳面对鼻；右掌向右划弧至右胯后侧，伸臂屈指握拳，拳眼向左，拳心斜向后上。目视左前。（图3-44）

9. 上体前俯，胸部贴近大腿；其他姿式不变。（图3-45）

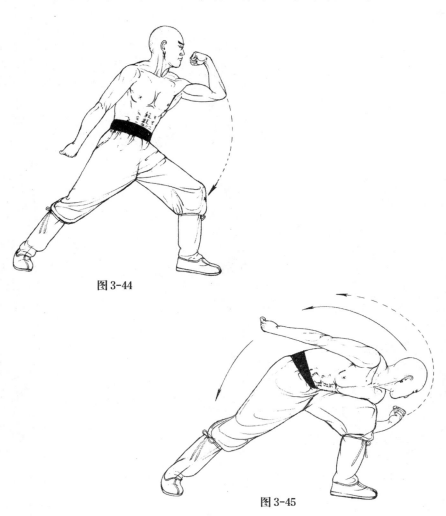

图3-44

图3-45

10. 抬起上身，向右仰体，面向正上；其他姿式不变。（图3-46）

11. 正上身，其他姿式不变。（图3-47）

图 3-46

图 3-47

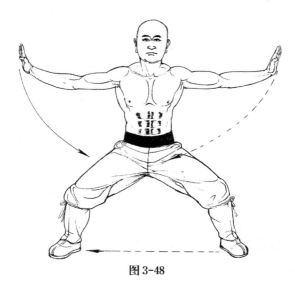

图 3-48

12. 上体右转，两腿屈膝半蹲，成马步；同时，两拳变掌，左右展臂推出，腕高平肩，坐腕竖掌，掌心向外。目视前方。（图 3-48）

13. 左脚内收，两脚并步，正身直立；同时，两掌下落，垂于体侧。目视前方。（图 3-49）

14. 上为左式，接练右式。（图略）

本式左右反复练习，次数自定。

图 3-49

六、推碑式

【练法】

1. 两腿并步，正身直立；两掌上收，屈指握拳抱腰，拳心向上，拳面向前。目视前方。（图3-50）

2. 两拳上提至两肩前，拳心向下，拳面相对，两肘外展，肘臂平肩。目视前方。（图3-51）

3. 两拳变掌向前伸出，掌尖向前，掌心向下，肘腕伸直；同时，两脚跟提起，两腿挺直。目视前方。（图3-52）

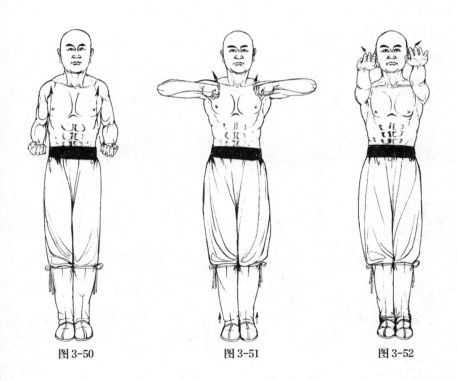

图3-50   图3-51   图3-52

4. 两掌坐腕竖指，十指用力分掌，掌根、掌心向前吐力。（图3-53）

5. 两掌屈指握拳，用力收回胸前。随之，两肘外张，肘臂平肩，两拳移至两肩前，拳心向下，拳面向里；同时，两脚跟落地。（图3-54）

6. 两拳变掌，坐腕竖掌，伸臂向前推出至臂直，掌心向前，十指分张；同时，提起脚跟。然后，两脚跟一提一落共练7次（也可自定次数）。（图3-55）

7. 两脚跟落地，两掌屈指握拳，用力收回胸前。随之，两肘外张，肘臂平肩，两拳移至两肩前，拳心向下，拳面相对。目视前方。（图3-56）

8. 两拳变掌，垂放体侧。（图3-57）

图3-53

图3-54

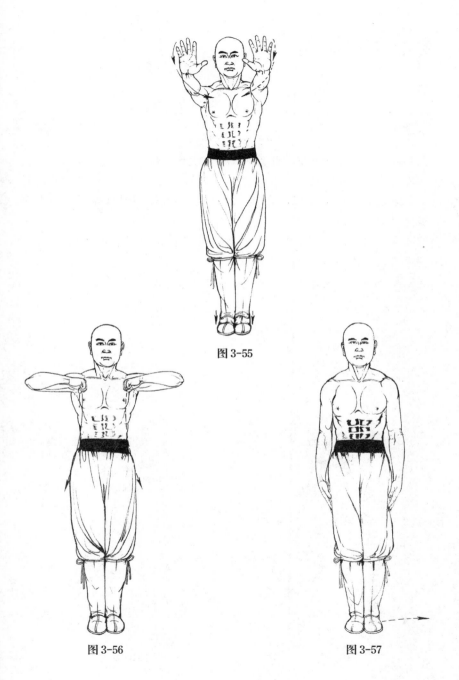

图 3-55

图 3-56

图 3-57

七、扭拔式

【练法】

1. 左脚向左横开一步，两脚间距略宽于肩。目视前方。（图 3-58）

2. 两掌向小腹前交叉，右上左下，掌背均向上。（图 3-59）

3. 右掌向左、向上划弧；左掌向右、向上划弧。两掌上举至头顶上方，左腕背贴右腕内侧，掌心向上。（图 3-60）

4. 两掌继续向左右分开，展臂坐腕。竖掌一顿，掌尖向上，掌心向外，腕高平肩。（图 3-61）

5. 随之，左脚内收并步；两掌垂放体侧。（图 3-62）

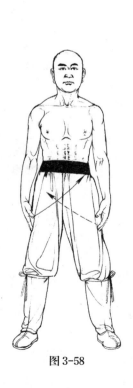

图 3-58

图 3-59

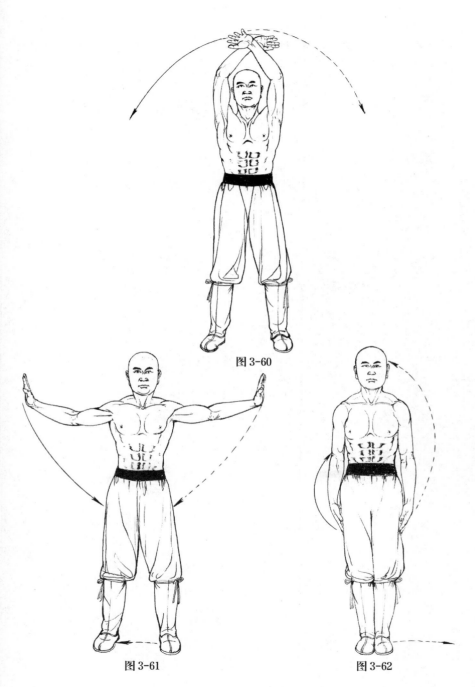

图 3-60

图 3-61

图 3-62

6. 左脚向左横开一步，两脚间距略宽于肩；同时，左掌自体侧向前举至头顶，屈肘，按住脑后枕部，虎口向下，掌尖向右；右掌向后，用掌背贴于背脊（腰部上方），虎口向上，掌尖向左。（图3-63）

7. 左掌前按，肘向后展；颈项部用力后撑，充分用力左转；目向左后平视。（图3-64）

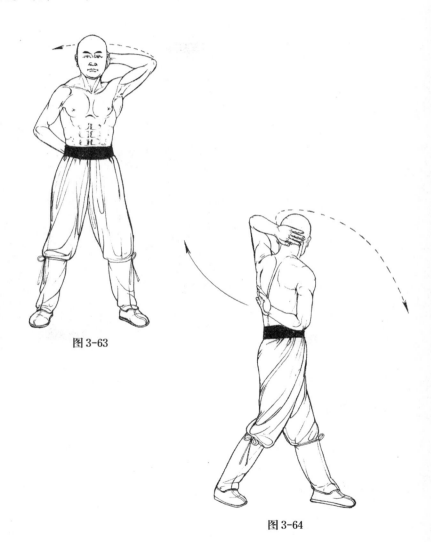

图 3-63

图 3-64

8. 双掌撤力，身体转正，两臂左右伸展成斜平举，右掌约与右耳平，左掌约低于心窝，两掌心皆向下、掌尖皆向外。目视前方。（图 3-65）

9. 上为左式，接练右式。（图略）

本式左右反复练习，次数自定。

10. 两掌下落，垂于体侧；左脚内收并步，正身直立。目视前方。（图 3-66）

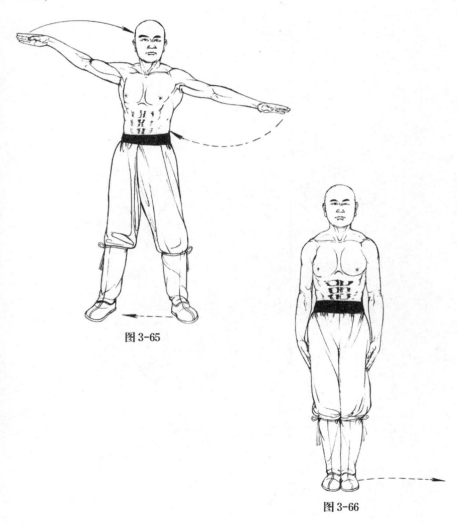

图 3-65

图 3-66

八、屈马式

【练法】

1. 左脚向左横跨一步，两脚成大开步。（图 3-67）
2. 两掌自体侧仰掌向前伸臂上托，掌心向上，掌尖向前，两腕略高于肩，两掌间距约宽于肩。（图 3-68）

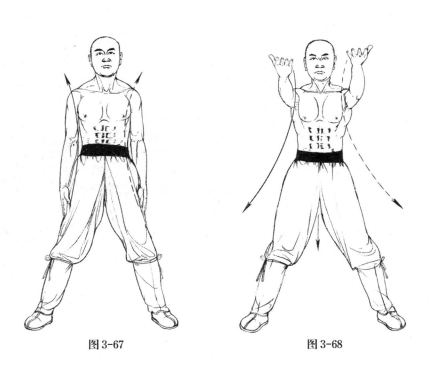

图 3-67   图 3-68

3.两掌翻转,内旋向下、向外分按于两胯外侧,两臂伸直,掌尖略向外;同时,两腿屈膝下蹲,成马步。目视前方。（图 3-69）

4.两腿缓缓伸直;两掌翻转向上、向前上托,至约过肩为度,两臂向前伸直。（图 3-70）

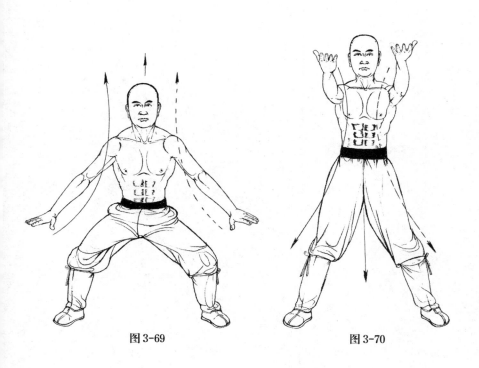

图 3-69　　　　　　　　　图 3-70

5.再屈膝下蹲，两掌心翻转下按至两膝外侧。（图3-71）

6.两腿缓缓伸直；同时，两掌心翻转向上、向前上托，至约过肩为度，两臂向前伸直。（图3-72）

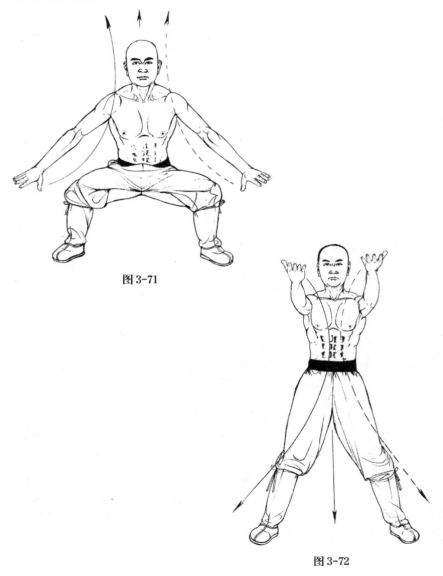

图 3-71

图 3-72

7. 再屈膝深蹲；同时，两掌心翻转向下按至两小腿外侧，约与踝平。（图3-73）

8. 两腿伸立；两掌心翻转向上、向前上托，至约过肩为度。（图3-74）

9. 两臂放松，两掌下落垂于体侧；同时，左脚内收并步，正身直立。目视前方。（图3-75）

本式反复练习，次数自定。

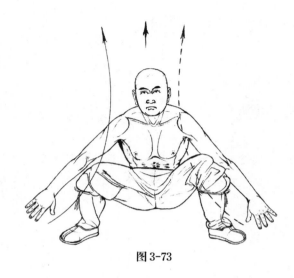

图 3-73

图 3-74

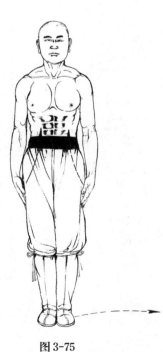

图 3-75

九、龙探爪

【练法】

1. 左脚向左横开一步，两脚间距比肩宽，成大开步；同时，两掌握拳上收至两肋侧，拳眼向上，拳面相对。目视前方。（图3-76）

2. 右拳变掌，伸臂上举至头顶侧上方，掌心向左，掌尖向上。（图3-77）

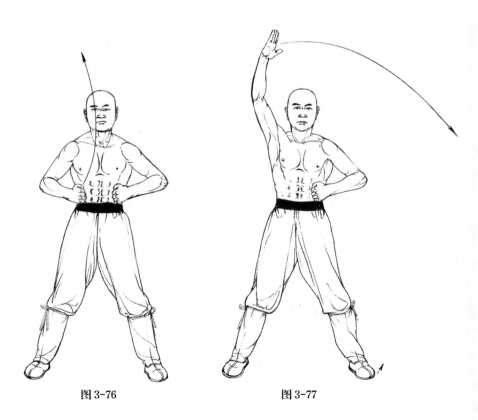

图3-76   图3-77

3. 右后臂贴近右耳侧，上体随之向左侧倾。向左转体至面部向下（约与地面平行），右掌掌心向下，掌尖向左，右臂向左伸展。（图 3-78）

4. 右掌向下划弧，按至左脚尖内侧地面，掌尖向左；同时，两膝尽量挺直，脚跟不可离地；抬头，目向左前视。（图 3-79）

图 3-78

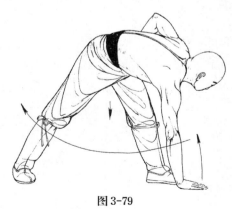

图 3-79

5.立起上身，臀部下坐，两腿屈膝半蹲成马步，上体右转；同时，右掌收至左膝高时，向右划弧收至右膝外侧，掌心向上，掌尖向左。目视右掌。（图3-80）

6.两腿伸膝立身，左脚收拢并步，正身直立；同时，两掌垂放体侧。（图3-81）

7.上为左式，接练右式。（图略）

本式左右反复练习，次数自定。

图3-80

图3-81

十、虎扑食

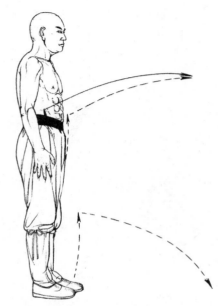

【练法】

1. 身体左转约90度，两脚仍并步直立。（图3-82）

2. 左脚提起向前迈出一大步，右腿蹬伸，左腿屈膝，成左弓步；同时，双掌收至腰侧变成"虎爪"，向前扑抓推出，腕与肩平，坐腕竖掌。目视双爪。（图3-83）

图 3-82

图 3-83

3. 上身向左前俯，两爪下按于左脚尖前地面，伸指成掌，掌尖向前，双臂伸直。（图 3-84）

4. 收左脚，用脚面钩住右外踝关节，重心后移，臀部向后斜上方撅起。（图 3-85）

5. 身体后收，缩身，双臂伸直，头部尽量缩于两臂之间。（图 3-86）

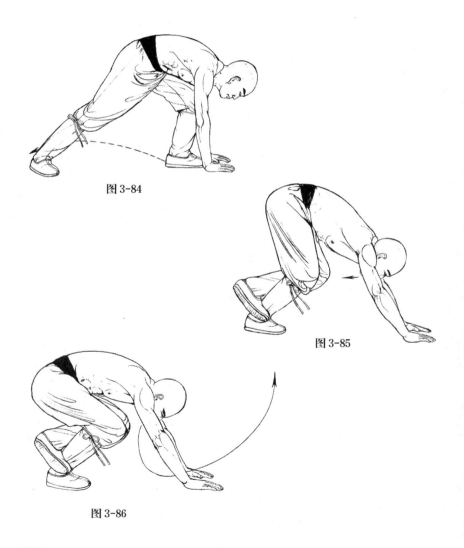

图 3-84

图 3-85

图 3-86

6.头、胸、腹、腿，依次紧贴地面向前弧形推送。抬头挺胸，沉腰收臀，两臂仍伸直；头上仰，目视前上。（图3-87）

7.然后，向后弧形收身。至臀高背低时，落左脚，右脚前收，两肘略屈。（图3-88）

8.左脚收步，两腿伸膝；两掌垂于体侧。目视前方。（图3-89）

本式反复练习，次数自定。

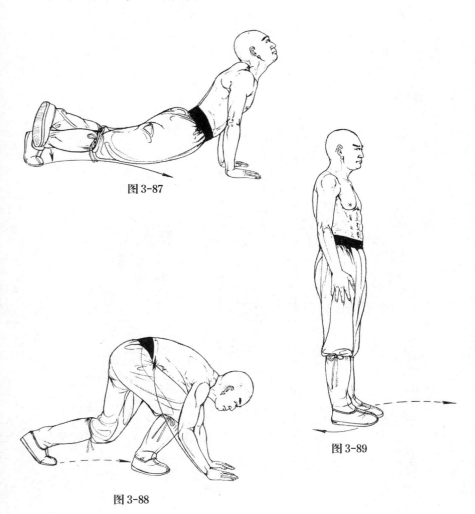

图 3-87

图 3-89

图 3-88

十一、前折身

【练法】

1. 左脚向前一步，右转体约 90 度，成大开步。（图 3-90）
2. 两掌自两侧向上举至头顶侧上方，掌心相对，掌尖向上，肘部略屈；同时，两腿屈膝半蹲，成马步。（图 3-91）

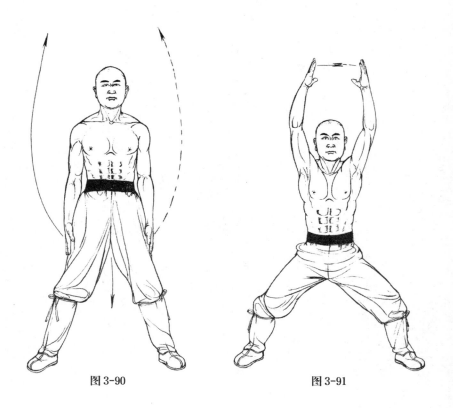

图 3-90　　　　　　　　　　　图 3-91

3.两掌屈腕内合，十指交叉，掌心向下，两臂约成环状。（图3-92）

4.两掌屈肘下落，抱于脑后，两肘向外分张，与项争力。双目前视。（图3-93）

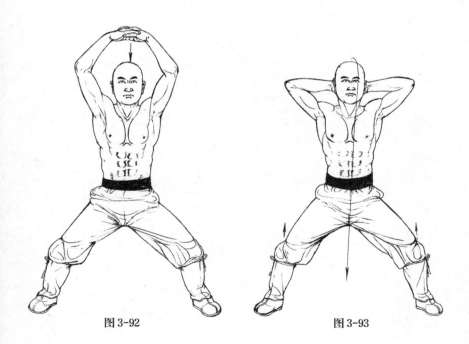

图3-92   图3-93

5.两膝缓缓伸直；同时，上身前俯，两掌用力使头压向裆前下方，两膝挺直，脚跟不可离地。双目后视。（图3-94）

6.两掌掌心掩住两耳孔，四指按于枕骨，食指从中指滑落，弹击脑后风池穴部位，使耳内闻及"咚咚"响声，共击24次（或自定次数）。（图3-95）

此动名叫"鸣天鼓"，练之可以醒脑聪耳。

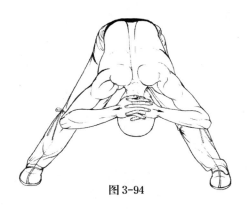

图3-94

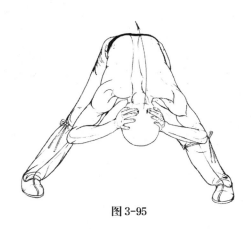

图3-95

7. 然后，起身立腰坐臀，两腿屈膝半蹲成马步。（图3-96）

8. 两掌分开，向左右弧形下落垂于体侧；同时，左脚收于右脚内侧，并步正身直立。（图3-97）

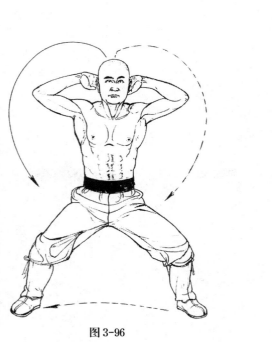

图3-96

图3-97

十二、两头翘

【练法】

1. 两掌内收小腹前，十指交叉，掌心向上。（图3-98）

2. 两掌沿腹上托至胸前，掌指外张，掌心向里，肘略与肩平。目视前方。（图3-99）

3. 两掌转腕托举，掌心向上，至肘部挺直。两掌用力向上托紧；目视前方。（图3-100）

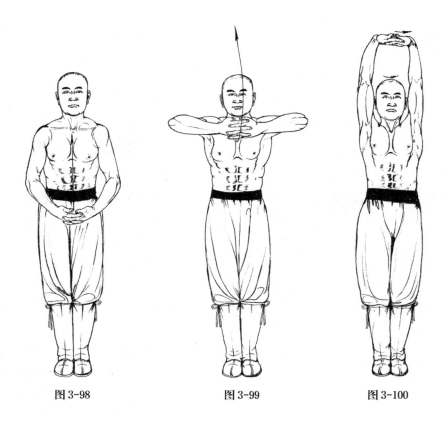

图3-98   图3-99   图3-100

158

4.两脚不动，上体向左转约90度。（图3-101）

5.上体向左俯身；两掌向左弧形下按，推至左脚前外，掌心尽量贴地；两膝挺直，脚跟不可离地；抬头前视。（图3-102）

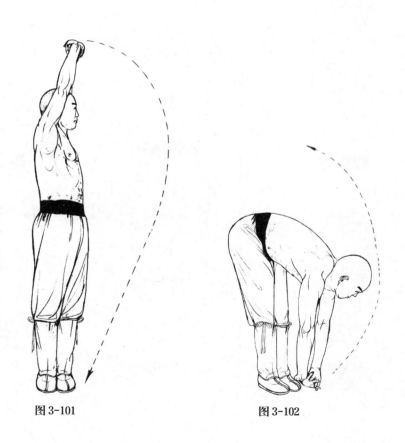

图3-101　　　　　　　　图3-102

6. 起身，两掌由原路返回伸臂托举，随后身体转正。（图 3-103）

7. 接着，做右侧俯身，动作与上述之左侧俯身相同，方向相反。（图略）

8. 然后将身体转正。

9. 掌、臂、头、胸，逐一后仰；双膝微屈，两脚不可离地，全身用力蹬紧，犹如拉紧弓弦（亦称角弓反张式）。二目上视。（图 3-104）

10. 立身还原。（图 3-105）

图 3-103　　　　　　　　图 3-104　　　　　　　　图 3-105

11. 俯身向前，随之掌心向下，推掌至双脚尖正前方；抬头前视；两膝挺直，脚跟不可离地。（图 3-106）

12. 上身起立，提掌至小腹前。（图 3-107）然后，再上身前俯，双手推掌至地。如此往返数次，起身直腰。

13. 两掌松开，分落垂于体侧。全身放松，调匀呼吸。本功收式。（图 3-108）

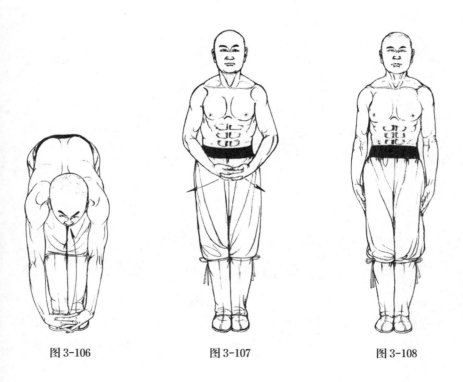

图 3-106　　　　　　　　图 3-107　　　　　　　　图 3-108

第四章

金刚易筋经（18 式）

少林金刚门是少林四大经典武功之一，据传源自北魏时期少林寺第一武僧——僧稠禅师。此门以"金刚"为名，乃取《金刚经》："金刚者，金中精坚者也。刚生金中，百炼不销，取此坚利，能断坏万物。"

金刚门极重功夫，其硬功威震武林，如"大力金刚掌""金刚大力鹰爪功"等。今专讲其易筋经。《少林北派金刚秘谱·易筋经》载："易筋金刚，百年健康；金刚易筋，护体保身。"金刚易筋经是不可多得的名派经典武功。

金刚易筋经，动作独特，内外兼修；刚柔相济，快慢交加；养练结合，安全可靠；功效显著，系统全面。练之既可强筋壮骨，提高体能；又可增益内气，贯劲发力。

一、苏秦背剑

【练法】

1. 两脚并步，正身直立；两掌垂放体侧，呼吸自然。目视前方。（图4-1）

2. 左掌置于腰后，掌心向后，掌尖向右；右掌伸臂外转，仍垂于右腿外侧，掌心向前，掌尖向下。（图4-2）

3. 左掌不动；右掌上提，提至腰际时，猛然用力屈指握拳，拳心向上，拳面向前。（图4-3）

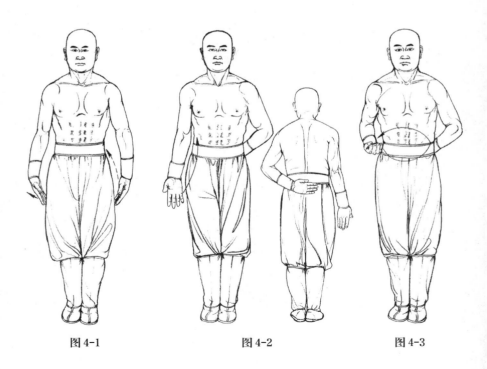

图4-1   图4-2   图4-3

4. 右拳变掌，向下、向左、向上、向右绕小腹划一圆圈，仍收至右腰侧，掌心向前，掌尖向下。（图 4-4）

5. 右掌转腕伸臂，向前用力推出，掌心向前，掌尖向上，腕高约平肩。（图 4-5）

按上述动作，循环练习，次数自定。

6. 上为右式，接练左式，左右式唯方向相反。（图略）

左右反复练习，次数自定。

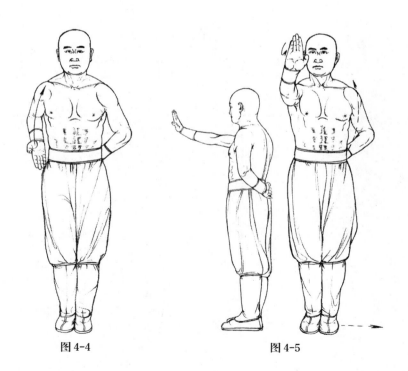

图 4-4   图 4-5

二、双凤朝阳

【练法】

1.两脚开步站立，间距约与肩同宽；两掌向前平伸，宽、高同肩，掌心向上，掌尖向前。目视前方。（图4-6）

2.回收两掌，至腰际猛然用力屈指握拳，拳心向上，拳面向前。瞪目怒视。（图4-7）

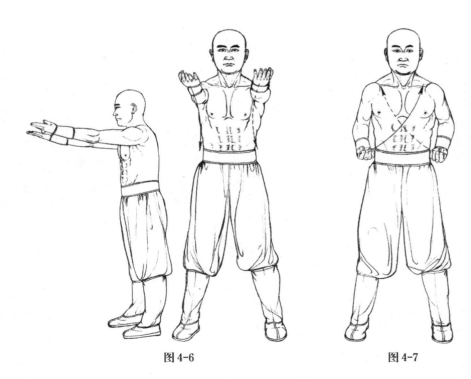

图4-6   图4-7

3. 两拳变掌交叉，上移胸前（右掌在外），虎口在里，掌尖斜向上。（图 4-8）

4. 两掌分开收至肩前，扩胸，两掌背贴近肩头，掌尖向上，掌心向前。（图 4-9）

图 4-8

图 4-9

5.两掌用力向前推出，直至两臂伸直，坐腕竖掌，掌心向前，腕高平肩。（图4-10）

6.两掌转腕前伸，掌心向上，掌尖向前，两臂平肩，挺直贯劲，不要弯曲。（图4-11）

反复练习，次数自定。

图4-10   图4-11

三、铁臂贯劲

【练法】

1. 两脚开立，屈膝半蹲，成马步；两手握拳，置于额前，拳心向里，拳面向上，屈臂垂肘。（图4-12）

2. 两拳不动；两脚跟提起。两脚跟提起后，保持姿式，坚持一会儿（时间自定）。（图4-13）

3. 然后两脚跟落下，再行提起。

如是反复练习，次数自定。

图4-12

图4-13

四、抓风亮掌

【练法】

　　1. 左弓步站立；两手握拳抱于腰际，拳心向上，拳面向前。目视前方。（图4-14）

　　2. 两拳变掌，一齐向前、向上、向后、向下、向前、向上在腹前划弧，掌心向上，掌尖向前。可划弧一次，也可划弧多次。（图4-15）

图4-14　　　　　　　　　　　　　　　图4-15

3. 接着，两掌收至腰际，猛然用力屈指握拳，拳心向上，拳面向前。（图 4-16）

4. 左拳抱腰不变；右拳变掌，伸臂挺腕前推，掌尖向上，掌心向前，腕高平肩。（图 4-17）

反复练习，次数自定。

5. 换右弓步，推左掌。练法与上述相同，方向相反。（图略）

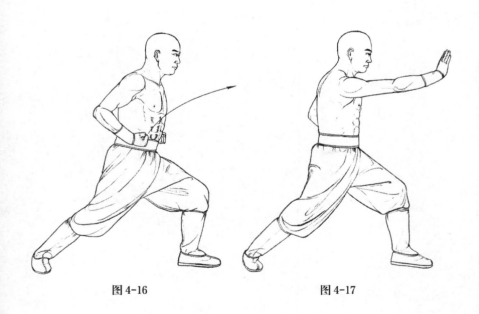

图 4-16　　　　　　　　　　　　图 4-17

五、单鞭救主

【练法】

1.马步蹲立；左手握拳，抱于腰际，拳心向上，拳面向前；右掌向前平肩伸出，掌心向下，掌尖向前。（图4-18）

2.左拳不变；右掌用力缓缓翻转，使掌心向上。（图4-19）

3.然后，右掌再向下翻转，使掌心向下。（图4-18）

如是反复练习。

4.左右掌交换练习，不可偏废。

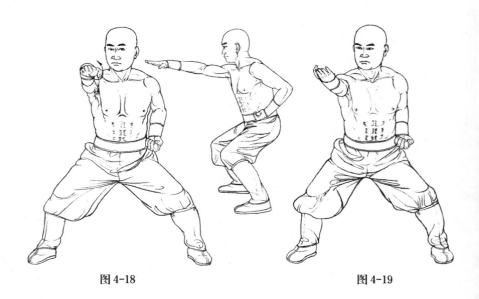

图4-18   图4-19

六、韦驮亮杵

【练法】

1. 马步蹲立；两手握拳，拳背相接，置于小腹前，拳面向下。（图4-20）

2. 两前脚掌用力，两脚跟提离地面；同时，两拳稍沉，两拳背贴紧，两肘外张。（图4-21）

3. 然后，两脚跟落地，两拳松劲下沉。（图4-20）

4. 再提脚跟、提两拳。

如是反复练习，次数自定。

图4-20

图4-21

七、白鹤亮翅

【练法】

1.两脚跟相靠，脚尖外摆；两掌下伸于大腿外侧，掌心向前，掌尖向下。目视前方。（图 4-22）

2.两掌从体侧弧形上举，过头顶，至两肩正上，两臂伸直，掌尖向上，掌心向前。（图 4-23）

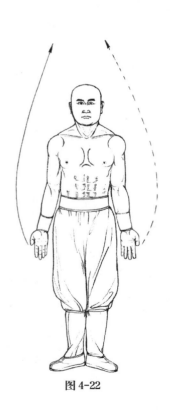

图 4-22

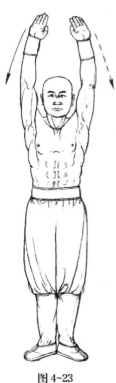

图 4-23

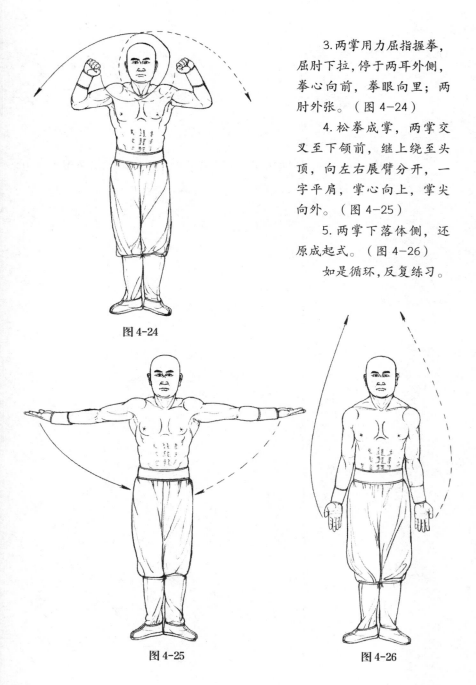

3.两掌用力屈指握拳，屈肘下拉，停于两耳外侧，拳心向前，拳眼向里；两肘外张。（图4-24）

4.松拳成掌，两掌交叉至下颌前，继上绕至头顶，向左右展臂分开，一字平肩，掌心向上，掌尖向外。（图4-25）

5.两掌下落体侧，还原成起式。（图4-26）

如是循环，反复练习。

图 4-24

图 4-25　　　　　图 4-26

八、通身劲

【练法】

1. 马步蹲立；两手成掌，掌心向上，掌尖相对，置于小腹前。（图4-27）
2. 两掌上提胸前；同时，两脚跟提起。（图4-28）

图4-27

图4-28

3.两掌翻转，掌心向下，缓缓下压至小腹前；同时，两脚跟落地。（图 4-29）

4.两掌翻转，掌心向上，还原成起式。（图 4-30）

如是循环，反复练习。

图 4-29　　　　　　　　　　　图 4-30

九、单坠

【练法】

1. 身体前俯，两掌按地，两脚并拢，前脚掌着地，成俯卧撑式。（图 4-31）

2. 身体向右翻转，左掌与双脚撑地，右掌伸臂侧举（掌尖斜向上），成侧卧单撑式。（图 4-32）

3. 右掌用力缓缓下收，至右腰际时，用力屈指握拳。（图 4-33）
然后，松拳变掌，往上伸举，再收握拳。如是反复练习。

4. 继换右掌撑地，左掌伸举，练法相同，唯方向相反。（图略）
左右均要反复练习，不可偏废。

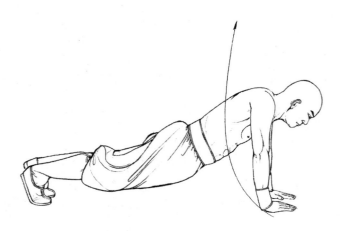

图 4-31

图 4-32

图 4-33

十、二佛传经

【练法】

1. 马步蹲立,两拳抱于腰际。目视前方。(图4-34)

2. 左拳不变;右拳变"剑指",向前平伸,手心向下。(图4-35)

3. 剑指下落,收回腰际,屈指握拳。(图4-34)

如是循环,反复练习。

4. 左右交换练习,不可偏废。(图略)

图4-34

图4-35

十一、海底捞月

【练法】

1.马步蹲立，两拳抱于腰际。目视前方。（图4-36）

2.左拳不变；右拳变掌，向前下插出，置于右小腿内侧，右臂伸直，掌尖向下，掌心向前。（图4-37）

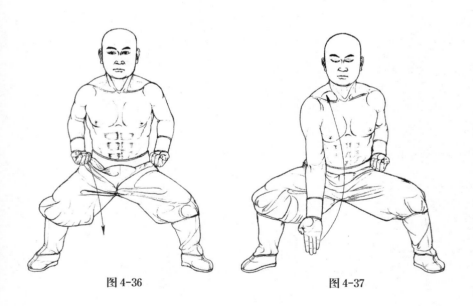

图4-36　　　　　　　　　　图4-37

3. 右掌上兜，屈肘上收至右肩前，掌心向里稍内凹，掌尖向上，肘尖下垂。（图4-38）

4. 右掌旋转，伸臂上举，掌心向上，掌尖向后；仰面，上视。（图4-39）

5. 右掌向上撑劲，坚持一会儿后，即转掌下插，还原成起式。（图4-40）

如是循环，反复练习。

6. 继换左掌练习。（图略）

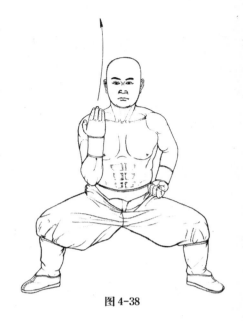

图4-38

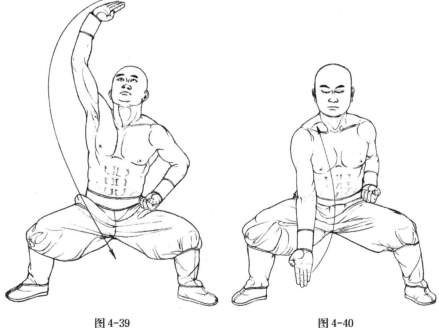

图4-39　　　　　　　　图4-40

十二、饿虎扑食

【练法】

1. 左弓步站立；两掌下垂体侧，掌尖向下，掌心向里。目视前方。（图4-41）

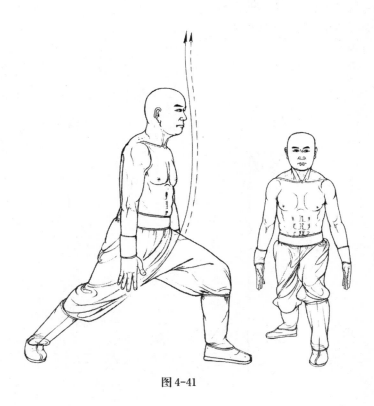

图4-41

2.两掌上举过顶,掌心相对,掌尖向上,两臂尽量向上伸开。(图4-42)

3.两臂屈肘,两掌下收肩前,用力屈指握拳,拳心向前,拳面向上。(图4-43)

4.两拳松指成掌,向前划弧下落,伸臂垂掌于体侧,还原成起式。(图4-44)

如是循环反复,以体力能支持为度。

5.然后换成右弓步,练法同上。(图略)

图4-42

图4-43

图4-44

十三、禅定

【练法】

1. 右脚踏地落实；左脚稍提脚跟，脚尖点于右脚内侧，两膝靠紧；左拳抱于腰际；右掌平端右腰际，掌心向上，掌尖向前。目视前方。（图4-45）

2. 右掌经腹前向左肩前翻转推移，掌心向下，掌尖向左。（图4-46）

图 4-45

图 4-46

3. 右掌经胸前收至右腰际，翻转屈指握拳，拳心向上。（图4-47）

4. 右拳松指成掌，向前平肩直伸而出，掌心向下，掌尖向前。（图4-48）

5. 右掌旋转，用力屈指握拳，回收右腰际。（图4-49）

如是反复练习。

6. 然后练习左手，左右不可偏废。（图略）

图4-47

图4-48

图4-49

十四、太子功

【练法】

1.马步蹲立；左手握拳，抱于腰际；右剑指伸臂垂于裆前，手心向后，指尖向下。（图4-50）

2.右剑指左划，缓缓用力上提至脐前，手心向里，指尖向左。（图4-51）

图4-50   图4-51

3. 右剑指继续向上、向右移至右肋前，手心向上，指尖向左。（图4-52）

4. 右剑指上插，过头顶，举于右肩正上方，右臂伸开，手心斜向右前。（图4-53）

5. 右剑指从头顶上方往下，沿体前中线下插，直至裆前，还原成起式。（图4-54）

如是循环，反复练习。

6. 换练左手。（图略）

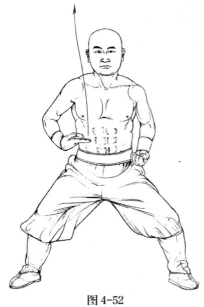

图4-52

图4-53

图4-54

十五、观音坐莲

【练法】

　　1.两脚跟相靠，两脚尖外展，成八字形，两腿屈膝半蹲，臀部下沉；同时，两掌合十胸前，掌尖约与下颌平。目视前方。（图4-55）

　　2.合掌不变；两脚跟缓缓提起，身体重心随之缓缓下沉。（图4-56）

　　3.两脚跟缓缓下落，还原成起式。（图4-57）

　　按上述反复练习，次数自定。

图 4-55

图 4-56

图 4-57

十六、顶功

【练法】

1. 面壁而立，以顶抵墙；两掌下垂体侧，掌心遥遥相对。（图 4-58）

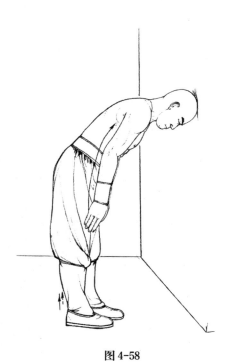

图 4-58

2.两脚跟缓缓提起；同时，两臂屈肘上提，两掌用力屈指握拳，收至腰际，拳心向前，拳面向下。（图4-59）

3.松拳成掌，伸臂下插；同时，两脚跟落地，头仍保持顶力。（图4-60）

反复练习，时间自定，循序渐进，缓缓加力。

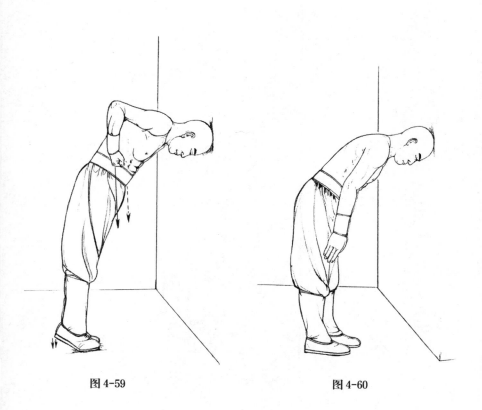

图4-59   图4-60

十七、护心功

【练法】

1.两脚开步；选木棒一根，顶端制成圆球形，抵于心窝之上；同时，上体前俯，两掌下垂体前，掌心相对。（图4-61）

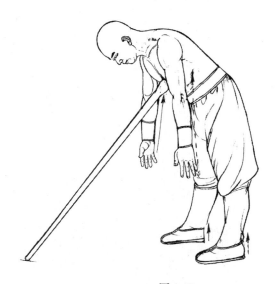

图4-61

2.两脚跟缓缓提起，心窝向前顶力；同时，两掌上提，至腰际屈指握拳。（图4-62）

3.两脚跟落地；同时，两拳变掌下插，还原成起式。（图4-63）

如是反复练习，时间自定，循序渐进。

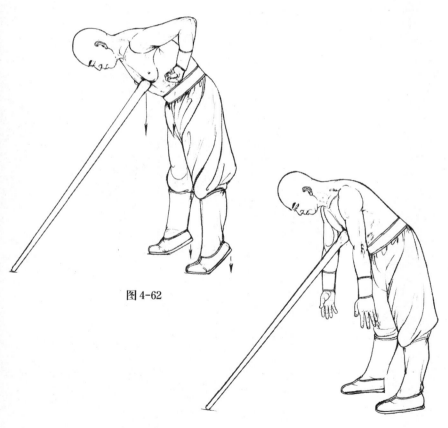

图4-62

图4-63

十八、双坠

【练法】

1. 俯卧撑式，身体上提成弓形。（图 4-64）
2. 身体缓缓下沉，两臂屈肘，使胸腹近地。（图 4-65）
3. 随即伸臂、起身。

如此一起一伏，反复练习，次数自定。

4. 最后收式，调匀呼吸，全身放松。

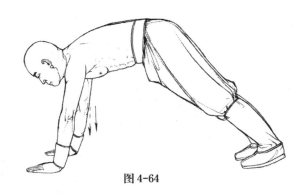

图 4-64

图 4-65

第五章
甘式易筋经（9式）

甘式易筋经，即"甘凤池易筋经"，据传源自清代"江南大侠"甘凤池。《清史稿·甘凤池传》载："甘凤池，江南江宁人。少以勇闻。……手能破坚，握铅锡化为水。又善导引术。"

甘派有"四大秘功"，即坐功、行功、盘功、操功。单说行功，即运行、导引、流通之功，是内功"动功"之一种，以外动为主，结合呼吸与意念等内功心法，内以运练呼吸，而健肺益气；外以运练肢体，而强筋壮骨。甘式易筋经，属甘派"行功"范畴，与此相似的还有"六段锦""八段锦""十段锦"等类。

今专讲其易筋经，选其精功9式。本功沿袭少林宗风，富具南派特色，练法别致，主练动势，动中有静，内外相合，练之可易筋通经，洗髓活络，健腑壮肌，贯气增力。

一、掌探日月

【练法】

1.预备式：两脚分开，与肩同宽，脚尖向前，两膝伸直，松腰松胯；两掌垂放体侧，掌心内凹；头正颈直，沉肩坠肘；下颌微收，两唇微合，牙齿轻扣，舌抵上腭，呼吸自然。目视前方。（图 5-1）

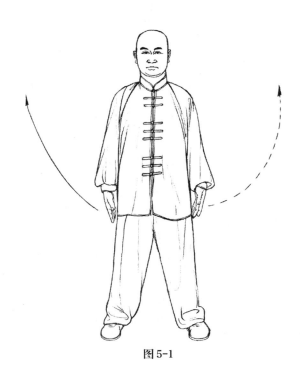

图 5-1

2. 两掌向两侧缓缓分展，掌心翻转向上，掌尖向外，一字平肩。（图 5-2）

3. 两掌向上举于头顶上方，掌心相对，掌尖向上，用力上伸。（图 5-3）

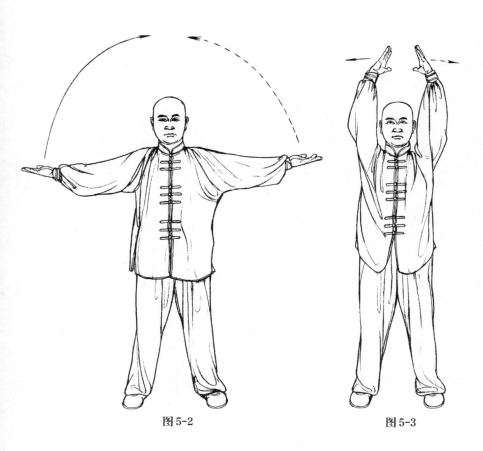

图 5-2　　　　　　　　　　　　　　图 5-3

4. 两掌向两侧分拉开来，宽度过肩，似抱一大圆球。（图5-4）

5. 两掌再向内合，如挤压一大圆球。（图5-5）

6. 屈肘，两掌由上向下按至胸前，掌尖相对，掌心向下。（图5-6）

7. 两掌继续下按，至小腹前。（图5-7）

8. 两掌向外下落体侧，复成预备式。（图5-8）

【注】

本功呼吸皆为"随动呼吸法"，该呼就呼，该吸即吸，不要刻意规定某一动作或呼或吸，呼吸融合动作，动作融合呼吸，自然而然，内外浑元。

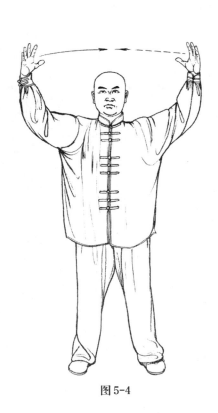 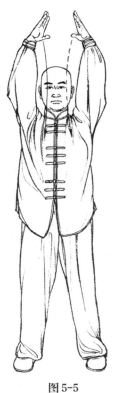

图5-4   图5-5

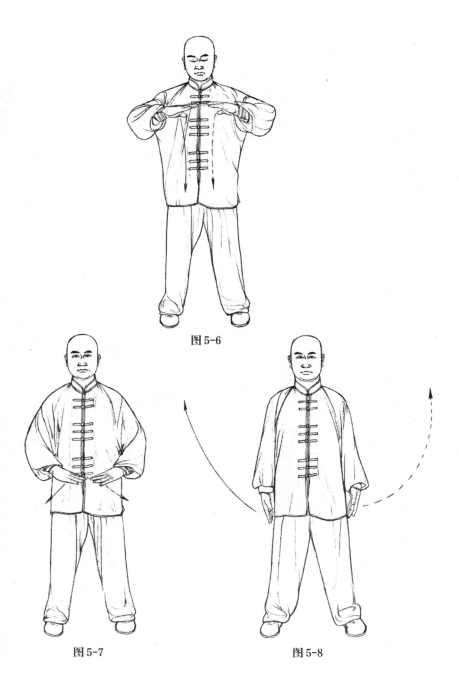

图 5-6

图 5-7

图 5-8

二、摘星沉海

【练法】

　　1.接上式。两掌向两侧缓缓分展，掌心翻转向上，掌尖向外，一字平肩。（图5-9）

　　2.两掌继续上举，至头顶上方，掌心相对，掌尖向上；同时，抬头仰面，二目上视。（图5-10）

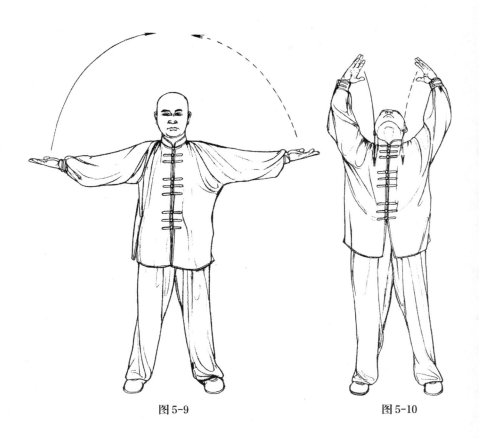

图5-9　　　　　　　　　　　图5-10

3. 两掌屈肘，下按胸前，掌尖相对，掌心向下。（图 5-11）

4. 两掌左右分开，约与乳平，掌心仍向下，掌尖向前，手指张开。（图 5-12）

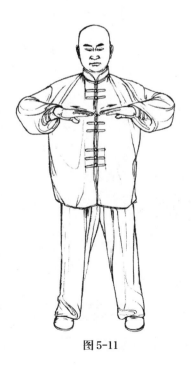

图 5-11

图 5-12

5. 两掌向下、向外按至胯后侧下；同时，胯向前送，两膝略屈，成向后反弓身状；下颌回收。（图 5-13）

6. 身体还原；同时，两掌垂放体侧。目视前方。（图 5-14）

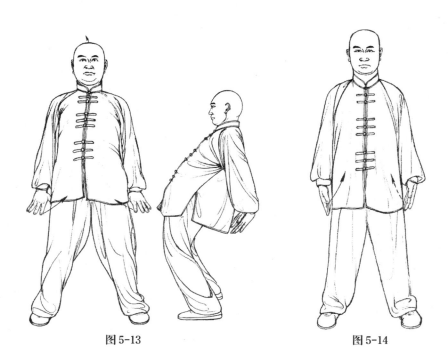

图 5-13

图 5-14

三、气贯涌泉

【练法】

1. 接上式。两掌向内上收至小腹前，掌尖向下，拇指相对，掌心向里，不要贴腹。（图5-15）

2. 两掌上提胸前，两肘尖外张抬起，略低于肩。（图5-16）

3. 上体向左缓缓移转，两掌向左移至左腋前侧。（图5-17）

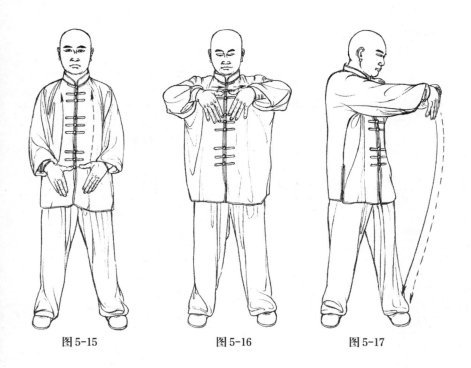

图5-15　　　　　图5-16　　　　　图5-17

4.上体向左下俯，两腿挺直；两掌随之下伸，至左踝外侧。保持静式数秒。（图5-18）

5.然后，上体立起，两掌上提还原。（图5-19）

6.上体右转，两掌向右移至右腋前侧。（图5-20）

图5-18

图5-19

图5-20

7. 上体向右下俯，两腿挺直；两掌随之下伸，至右踝外侧。保持静式数秒。（图5-21）

8. 然后，上体立起，两掌上提还原。（图5-22）

9. 身体转正，两掌移回胸前。（图5-23）

图5-21

图5-22

图5-23

10. 两掌下落至小腹前。（图5-24）

11. 放下两掌，垂于体侧。目视前方。（图5-25）

图 5-24

图 5-25

四、金刚转膝

【练法】

1. 接上式。左脚内收一小步，两脚间距约 10 厘米，身体直立；两掌垂于体侧，呼吸自然。目视前方。（图 5-26）

2. 两掌屈臂向上提至腰后按住，成反叉腰状，掌尖相对，虎口向下；同时，挺胸收腹。（图 5-27）

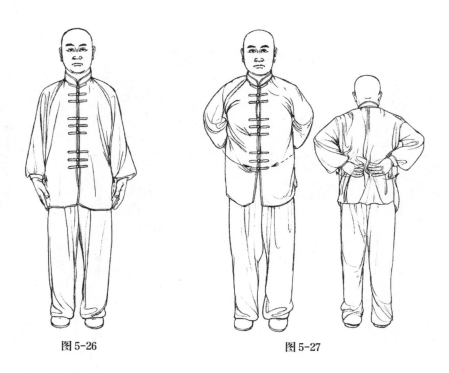

图 5-26

图 5-27

3.两掌沿腰部（带脉）向腹部推摩至肚脐处，虎口相对，指尖向下。（图5-28）

4.两掌顺大腿根部向下推摩至膝盖，分别按住，掌尖向下。（图5-29）

5.两膝向左、向右各划圆转动数圈，次数自定。（图5-30、图5-31）

6.然后，立起身体，两掌收垂体侧。目视前方。（图5-32）

图5-28

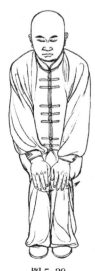

图5-29

图 5-30

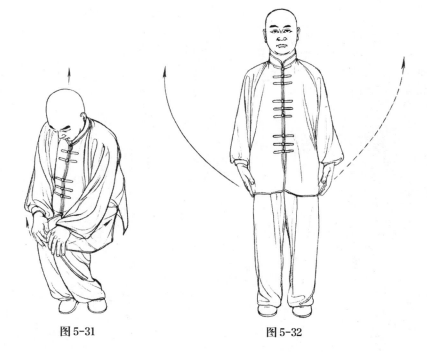

图 5-31

图 5-32

五、鹤立江面

【练法】

1.接上式。两掌向两侧缓缓分展，掌心斜向上，手指自然分开，掌尖斜向外，约与两耳平。目视前方。（图5-33）

图5-33

2.重心移于左腿，右腿屈膝提起；同时，两掌合抱右膝前下，向上、向里收紧。目视两手。（图5-34）

3.然后，放下右腿，再提左腿，练法相同。（图略）

4.左右反复练习，然后，还原成预备式。（图5-35）

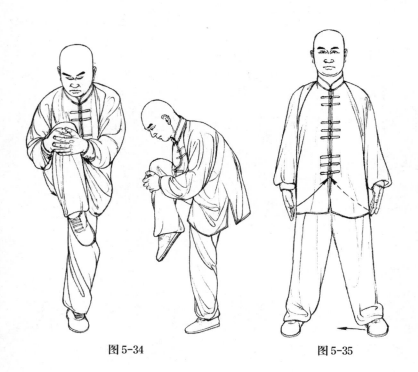

图5-34　　　　　　　　　　图5-35

六、鼎炉炼丹

【练法】

1. 接上式。左脚内收一小步，两掌相合，按于小腹，掌心向里，拇指轻触；做数次深呼吸。（图5-36）

2. 两掌左右分开，顺带脉向后，紧贴两腰后侧。然后，腰部向左、向右各摇转划圆数圈，次数自定。（图5-37）

3. 放下两掌，垂于体侧；左脚移开半步，还原成预备式。（图5-38）

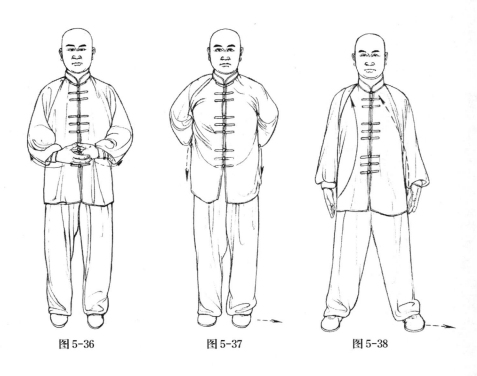

图5-36　　　　　　　　图5-37　　　　　　　　图5-38

七、摇转河车

【练法】

1.接上式。左转体约90度，左脚向左前上一步；同时，两掌握拳提起，屈肘肩前，拳心向前，拳面向上。随即，上体后仰，含颌；重心移于右腿，右膝略屈，左腿伸直，挺胸收腹。（图5-39）

2.上体前俯，右腿蹬直，左腿屈膝，使胸近腿；同时，两拳变掌，手指张开，向上、向前、向下弧形下按于左脚前侧，虎口在里。（图5-40）

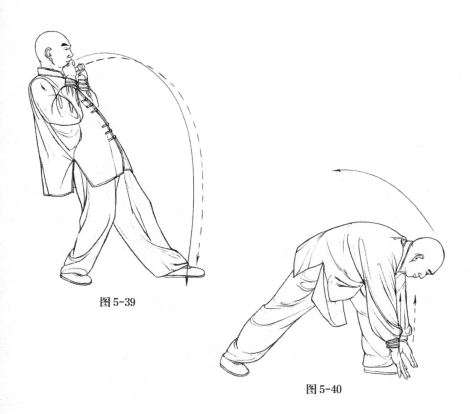

图5-39

图5-40

3. 随即，上体立起，左腿蹬伸，重心移于右腿，略后仰身；同时，两掌半握拳，向上拽至胸侧，两肘外张。（图5-41）

4. 翻腕，两拳变掌，向后上方伸臂推出；同时，上体成背弓式，两眼向后上视。（图5-42）

5. 上为左式，换成右弓步，练习右式，方法相同。（图略）

6. 左、右式反复练习，然后还原成预备式。（图5-43）

图5-41

图5-42

图5-43

214

八、海底捞月

【练法】

1. 接上式。左脚向左移步，两脚间距宽于两肩；同时，两肘微向侧撑开，弧形向前移动，使两掌至小腹前，掌心向上，掌尖相对。（图5-44）

2. 上体前屈，两腿挺膝；同时，两掌沿腿侧向下推至两脚面，转腕使掌背贴于脚尖内侧。（图5-45）

图5-44

图5-45

3.两掌内旋,擦着地面前推,掌心向下,掌尖相对。(图 5-46)

4.两掌推至极限时,屈膝下蹲,以加长两掌前推距离。随即转掌成抱球状,臀部下沉,两掌高与胸平。(图 5-47)

5.然后,两膝伸直起立;两掌随之内收至胸前成平托式,掌尖相对,掌心向上,两肘尖向两侧分张。目视前方。(图 5-48)

6两掌向左右伸臂分展,一字平肩,掌心向上,掌尖向外。(图 5-49)

7.松肩坠肘,两掌向内、向下划弧,垂放体侧。目视前方。(图 5-50)

图 5-46

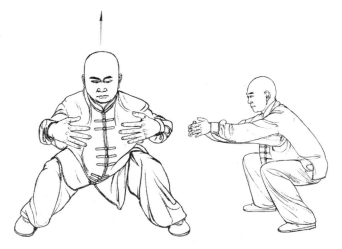

图 5-47

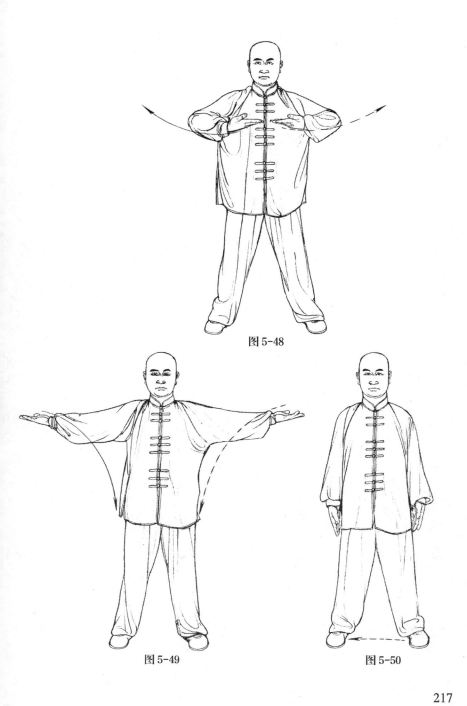

图 5-48

图 5-49

图 5-50

九、揉腰顿脚

【练法】

1.接上式。左脚内收，并步直立；两掌收于腰后贴身，右掌握住左掌，右拇指按压左掌心。二目平视。（图5-51）

图 5-51

2.两脚跟提起。然后，脚跟一起一落，顿脚数次（次数自定）。（图5-52）

3.最后，两脚跟落地，两掌垂放体侧；调匀呼吸，全功收式。（图5-53）

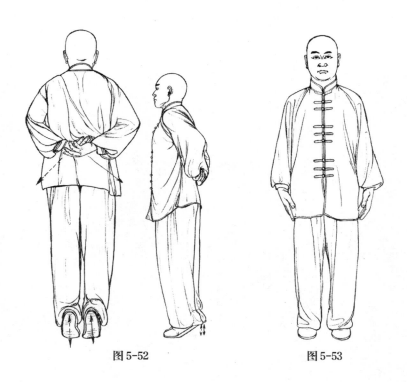

图 5-52　　　　　　　　　　图 5-53

第六章
熊式易筋经（14式）

熊式易筋经，又称"少林真传熊氏大易筋经"，乃南派武术家熊长卿家传秘功。

熊长卿，广东省梅县客家人，中国同盟会会员。自幼习练家传武术，曾于清光绪年间在广州摆下擂台，"三月有余，竟无一人可胜"。1920年担任"汕头精武体育会"首任会长，名重一时。

据熊师自述："余遂矢志从先父学'易筋'五周年。至二十二时，能抱考试武科三百斤石加三张刀共六百斤，在三丈泾之场内行二十周，以此知腰力有如此矣。又以三指捻香港仙士能折，以此知指力又如此矣。然吾知力之暴长如此，究未明其所以然，于是，先父将所然之法说明。然后，知练力先要练气，力从气中生。"

熊式易筋经，注重静练，结合呼吸，强调内劲，内外兼修，共分3级14式。第1级8式，第2级4式，第3级2式，"各式久练皆有延年益寿、转弱为强之特效"，"数年纯功，力增数倍"。今搜集相关资料，重新整理出来，提供给读者参考。

一、四指握拳

【练法】

　　双腿立定，宽如肩阔，脚尖向前；两眼平视，牙关咬合，嘴唇闭住，舌舔上腭；两手握拳，拳心向后，大拇指尖贴近大腿。

　　每呼吸完毕，拳握一紧，不能放松。愈握愈紧，即每当呼气，两拳愈握愈紧，再吸气时两拳不要放松原来的紧度，再复呼气时，尽可能加强两拳的紧度。直至36次呼吸完毕，才可放松。（图6-1）

【要点】

　　1.初练先做6次呼吸，两手即放松，以后逐渐增加，总要自然，不得勉强。

　　2.肩要沉，胸勿挺，引气下沉丹田。

　　3.行之数月手力自然增加。

图6-1

222

二、双掌下按

双腿立定如前式；两掌左右下按（按于身旁两侧，不可贴身，但也不要过远），掌心向下，掌尖向外，手腕挺起。

掌愈按愈下，即在每次呼气时，两掌尽量紧张地按下，不能放松，至36次呼吸完毕，才可放松。（图6-2）

【要点】

1. 沉肩，含胸，气沉丹田。

2. 掌下按时，手指翘起。且要保持膝节不屈。

3. 本式增长手力、腕力。

图6-2

223

三、双掌前推

【练法】

双腿立定如前式；两掌向前推出，掌心向前，腕节内挺，臂高同肩，大拇指与食指尖相对成三角形。

每一呼吸完毕，双掌前推，手指同时拗入，愈推愈前，愈拗愈入（近身），直至36次呼吸完毕，才可放松。（图6-3）

【要点】

1. 初练、次数、方式可仿前式。

2. 练此式前，最好先活动一下手指关节。

3. 手臂微屈，气沉丹田，手指拗入。

4. 两掌推出前，不能大幅回收，要求原位暗劲推出。推出时躯体不可前俯后仰，务令在紧张的状态下保持平正与宁静。

5. 本式增长手力与指力。

图6-3

四、左右托掌

【练法】

双腿立定如前式；两掌左右平伸，掌心向上，掌尖向外，臂高同肩，意想有重物置于两掌之中，需要用力托起。

每一呼吸完毕，用意把掌上托，只用意念，两掌均不动，愈托愈重地继续下去，练至36次呼吸可止。（图6-4）

【要点】

1. 沉肩，收胸，气沉丹田。双手伸平，不要下坠。

2. 两掌托起重物，只是寄意，诱导两掌及前臂的肌肉渐渐地紧张起来，不要使两掌的位置做任何移动。

3. 本式增长臂力。

图6-4

五、双掌开合

【练法】

两腿立定如前式；两手合十当胸，掌尖向上，掌心相合，腕节外挺、下沉，两大拇指贴身。

吸气时，两手渐渐分开（两大拇指沿身移动）；呼气时，两手渐渐再合。练至36次呼吸可止。（图6-5、图6-6）

【要点】

1. 沉肩，含胸，气沉丹田。

2. 两手开合时手指拗出，大拇指轻轻贴身，不离肘，不提起。

3. 本式合掌当胸，连续开合，因使肺部一张一缩，无病者练之健肺强身，若有肺病还可有良好的调养效能。

4. 专用本式可以理疗一些慢性病，如肺结核、慢性胃肠炎等，效果已经验证。但练习时定要注意呼吸的松静、柔和、均匀，如若过猛，有病之身，必再受创。

图6-5

图6-6

六、左右撑掌

【练法】

双腿立定如前式；两掌左右撑开，掌心向外，掌尖向上，臂高同肩，指尖拗向头部。

每一呼吸，双掌渐渐撑紧，愈撑愈紧，如是连续36次呼吸，直至完毕，才可放松。（图6-7）

【要点】

1. 沉肩，含胸，气沉丹田，保持均匀的腹式呼吸。

2. 双掌撑开时，身体要保持正直。

3. 本式增长臂力和腕力。

图6-7

七、双掌上撑

【练法】

双腿立定如前式；双手反掌向上正撑，掌心朝天，大拇指与食指尖相对成三角形，面门向天。

手向上撑高，愈撑愈上，直至36次呼吸完毕为止。（图6-8）

【要点】

1.气沉丹田，头上仰，眼看手背，胸腹不可凸出，手指拗落。

2.本式增长臂力和腕力，强健颈项，并可动胃调肠，帮助消化，驱除胸中浊气。

图6-8

八、双手下垂

【练法】

双腿立定如前式；两掌自然置于身侧两旁。上身徐弯变曲，两手轻松下垂腿前（掌心向后为宜），两肩微微松沉，不用拙力。身下弯时呼气（两手与上身一同下垂），起立时吸气（还原站式）。两手愈垂愈下，如不觉疲劳，可连续36次呼吸乃止。（图6-9）

【要点】

1. 沉肩，收胸，气沉丹田。

2. 呼吸如过于急速，起立时立定可再行一呼一吸，后再下垂。

3. 动作不能过猛，宜悠宜匀。

4. 本式增长腰力和腹力，并对腹部脂肪过剩有特效，能减腹脂，收细腰围。如腹部脂肪过剩，每日习之，一月后可收大效。

【注】

1. 以上8式为熊式易筋经第1级练法，第5和第8两式略有动作，余式无动作。

2. 第1级练习时，不可无力，无力则练而无功；不可过猛，过猛则多耗伤力，且易丢功。务要纯任自然，久习则气力不期而自至。

图 6-9

九、弓步拗身

【练法】

本式有左、右两式。

1. 以右式为例说明。右脚向右踏开一步，成右弓步，身体向右拗后；右拳置胯后，拳心向上；左掌置头前，掌心向外；眼看左脚跟，脚跟不要离地。此式站成，意在腰腹，牙关咬合，嘴唇闭住，舌舔上腭，练习36次呼吸。（图6-10）

2. 左式。左式与右式只是左右拗身不同，其他类同。（图6-11）

图 6-10

【要点】

1. 因为身体扭转，腰部肌筋必然紧张，就此锻炼，多习此式，腰力雄健异常，并对腰痛病有良好理疗作用。

2. 功夫加深后，可以渐渐增加腰节扭转度。或直接增加，即在一开始就达到一定扭度，这样呼吸时全身均不再动。或者在每一呼气时渐增扭度，但不可过猛。双手伸开幅度可大些可小些。

3. 本式弓步拗身叠骨，若童年练习，更显奇功。

图 6-11

十、握拳上仰

【练法】

本式有左、右两式。

1. 以右式为例说明。双腿如前，成右弓步，身躯挺直；右手握拳提高，屈肘置头上，拳心向下，头节上仰，眼看右手心；左手握拳垂下，向后拉下，拳心向后；牙关咬合，嘴唇闭住，舌舔上腭，连续呼吸36次，才可放松。（图6-12）

2. 左式。（图6-13）

图6-12

【要点】

1. 本式呼吸时，全身不动，右腕微屈收紧，头上仰，颈部紧张。

2. 注意肩膊不要耸起，拳要握紧。

3. 本式练颈部粗壮，使颈项有力。

图6-13

十一、上撑下垂

【练法】

本式有左、右两式。

1. 以右式为例说明。双腿如前，成右弓步，身体挺直；右掌上撑，掌心向上，指节向头拗下；左掌下垂，掌尖斜向下，掌心向里；眼前平视，牙关咬合，嘴唇闭住，舌舔上腭，行36 次呼吸，才可放松。（图 6-14）

本式呼吸时，全身不可随便动作，每次呼吸完毕，须右手上撑、左手下垂，有紧紧地将两手拉长之意。

2. 左式。（图 6-15）

【要点】

本式与上式"弓步拗身"相互有联系作用，多练还有调理脾胃等作用。

图 6-14

图 6-15

十二、下蹲起伏

【练法】

1.双脚稍分（不必过拘尺寸，适宜下蹲为度），脚尖外指；两手叉腰。（图 6-16）

2.身体徐徐下蹲，当下蹲时，脚跟离地。下蹲标准至大腿水平为度（此时双腿负重程度最大，练功收效也大）。

眼前平视，牙关咬合，舌舔上腭，以鼻呼吸。下蹲时呼气，起立时吸气，一起一伏至 36 次呼吸为止。（图 6-17）

【要点】

1.起立时前脚掌用力，站起时脚跟落地，下蹲时脚跟再离地。

图 6-16

图 6-17

2.起立时，动作要与地面垂直，全身直立。下蹲时，切莫前俯后仰。

3.本式久练，步稳脚固，腿力雄健，到老可保腿脚灵利，少有衰颓之态。

【注】

1.以上4式为熊式易筋经第2级练法，除其第4式（即下蹲起伏式）外，余3式均无动作。

2.第2级乃叠骨秘法，功成骨叠身合，力增数倍。

3.以下2式为熊式易筋经第3级练法，第1式没有动作，保健作用大；第2式练法多样，功在指力、臂力、腰力，技击目的强。

十三、站桩吞阴

【练法】

双脚贴地，距离尺余（较肩稍宽），身微蹲下，两膝稍屈；两手置背后，右手握拳，左手握右腕。

眼前平视，牙关咬合，舌舔上腭，连续36次呼吸乃止。（图6-18）

【要点】

1. 吸气时，气沉丹田，下腹舒起；呼气时，小腹压缩，同时谷道提起，肾囊收缩。

2. 谷道也叫榖道，即肛部，肾囊即阴囊，都是中医叫法。收提肛阴，利于聚气，但要自然为之，不能过于猛烈。

3. 体力优等者可以增大膝节下弯程度，因此增加练功强度，有益长力，但要适度为之，不可过于勉强。

4. 本式定式静练，以站桩步引气下沉至丹田，强化呼吸，增强内气，常练身强体壮，体力大增。

5. 本式对肾部发展特强，习之数月有不可思议之效果。"肾为先天之本"，吞阴修本，本固枝荣，数年纯功，可以理疗很多痼疾。

图6-18

十四、俯卧支撑

【练法】

全身前趴，脚趾与手指贴地，一俯一撑，连续行36次呼吸。牙关咬合，舌舔上腭，鼻呼鼻吸，悠匀适力。（图6-19～图6-21）

【要点】

1. 本式前后俯撑，身成拱桥形，运之若圆，较为费力，有些难度。

2. 本式初练可先用全掌贴地练习，继由掌变拳，终由拳变指。

3. 本式用指最难，若循序渐进，由少增多，日久功深，则不觉其难。切不可过于勉强，急则易伤。动作和呼吸都要缓慢、均匀、连贯、协调。

4. 本式最适合青壮年锻炼，行之数月，臂力、指力、腰力不期而自至。

【注】

1. 本易筋经每式从6个呼吸练起，至36个呼吸止。呼吸宜慢、宜悠、宜匀、宜顺；忌急、忌浮、忌粗、忌猛、忌乱（忽快忽慢）。初学由6个呼吸起，练至纯熟，毫无勉强，再加6个呼吸，循序渐进，切勿硬撑。过息过力，伤气伤身，反为所害，不可不慎。

2. 各式呼吸皆用较为柔和的腹式呼吸法，吸时须注意气由鼻腔入，下沉丹田。丹田俗称小腹，吸气下沉，渐渐可形成腹式呼吸，因此加长加深呼吸度，可以增强肺活量，增加吸氧量，健肺补元，强壮体质。初学功夫不到，不必刻意硬沉，总以顺遂为要，随着功夫进展，自然息深气沉。

3. 练习时，凡握拳、或按掌、或上托、或前推、或左右撑掌等式，每一呼吸必加一紧。例如，第1式"四指握拳"的愈握愈紧，即每当呼气时，两拳愈握愈紧，再吸气时两拳不要放松原来的紧度；再复呼气时，尽可能加强两拳的紧度。

4. 每一式练习完毕，略事休息，方可继续练别式。因为练深呼吸绝对不可牵强。如觉疲倦须加调息，增强底气，即适度调节呼吸，使心意平定，呼吸顺遂，以充气补氧，感觉气足不虚后再继续练习。

图 6-19

图 6-20

图 6-21

第七章
黄式易筋经（9式）

　　黄式易筋经，据传源自明代内功巨子黄舆公山人，故名。此门易筋经属内功秘宗，自成一家，练法独特，与众不同，而且功法多样，各有偏重。今参考手抄藏本，选其精要9式，编绘出来，与同道共享。

　　本9式易筋经，精简易学，偏重内功，强调练息，外静内动，练之可增强功劲，强身健体，祛病疗疾，是不可多得的易筋经秘功珍品。

一、并立式

【练法】

两脚并步，正身直立；两手握拳，两臂扭紧如螺旋形下插于两腿外侧，拳心向里，拳眼向前；自然调息。（图 7-1）

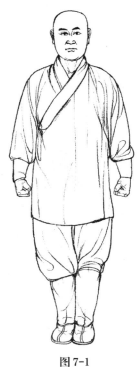

图 7-1

二、左弓箭式

【练法】

左腿屈膝前弓，右腿挺膝蹬伸，成左弓步；两拳扭紧下插，拳眼向前，拳面向下。（图 7-2）

图 7-2

三、右弓箭式

与左弓箭式相同，唯方向相反。（图 7-3）

图 7-3

四、外八字骑马式

【练法】

两脚开步过肩，脚尖外展成八字状，两腿屈膝半蹲，成马步；两手叉腰，拇指在后，其余四指在前。（图7-4）

图7-4

五、内八字倒斜式

【练法】

两脚开步过肩，两脚尖内扣，成内八字状；上体后仰，头和上体至膝约成一斜直线；两手叉腰，拇指紧紧按住后腰。（图 7-5）

图 7-5

六、鹤立式

【练法】

左腿独立；右腿屈膝提起，右脚面贴紧左膝弯；两拳抱腰贴紧，拳面向前，拳眼向外。坚持约10秒（或自定时间）两脚交换一次。（图7-6）

以上6式为预备功。

图7-6

七、压腹式

【练法】

1. 两腿屈膝半蹲，成马步；两掌按于膝盖上，虎口在里；上体略向前倾，仰面，头往上顶。（图7-7）

2. 自然呼吸一会儿后，猛吸气一口，全身即往下沉，收腹俯胸，尽力向前下压。（图7-8）

反复练习，次数自定。

图7-7

图7-8

八、哼哈功

【练法】

1. 两脚开步过肩，两脚尖平行向前；两手叉腰。（图 7-9）

2. 上体向前俯身，两掌分别向后上举，两臂伸直，十指伸开。定式后，掌尖向上，掌心向前，虎口在里。（图 7-10）

图 7-9

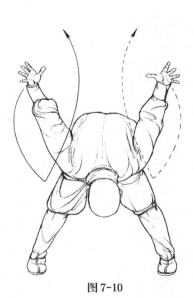

图 7-10

3. 起立，上体后仰，上视；两掌随之向前、向上、向后上举。定式后，掌心向上，掌尖向后。（图7-11）

4. 上体前俯，两掌尖相对，下按至地。然后起身，如此反复练习3～5次。（图7-12）

图 7-11

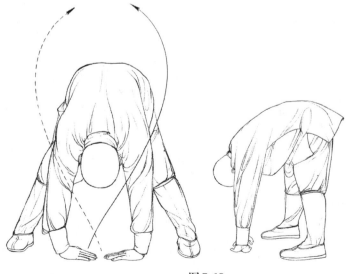

图 7-12

5. 上体后仰；两掌相交于头顶正上，右掌在上，掌心向上，掌尖斜向后。（图 7-13）

6. 上体前倾；随即，两掌下落叉腰，由鼻发"哼"音。（图 7-14）

图 7-13   图 7-14

7. 上体后仰，向左侧弯；两掌尖略相对，向左侧下方按3～5次。（图7-15、图7-16）

8. 身、手同起，上体后仰，向右侧弯；两掌尖略相对，向右侧下方按3～5次。（图7-17、图7-18）

9. 上体后仰；两掌相交于头顶正上，右掌在上，掌心向上，掌尖斜向后。（图7-19）

10. 上体前倾；随即，两掌下落叉腰，口吐"哈"音。（图7-20）

上述动作反复练习，具体次数自行把握。

图7-15

图7-16

图7-17

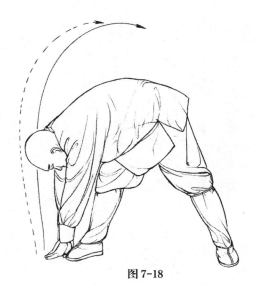

图 7-18

图 7-19

图 7-20

九、俯仰开合

【练法】

1. 左弓步；两手握拳，扭紧下插于两大腿外侧，拳面向下，拳眼向前。（图 7-21）

2. 两拳松开，十指伸直，掌尖向下，掌心向里。（图 7-22）

图 7-21

图 7-22

3. 两掌向外绕圆翻转，使掌心向前。（图 7-23）

4. 两掌向前提起伸平，宽、高同肩，掌心向上，掌尖向前。（图 7-24）

5. 两掌十指用力张开，随即勾屈成爪。（图 7-25）

图 7-23

图 7-24

图 7-25

6. 两手用力屈指握拳，缓缓收回肋旁，拳心向上，拳面向前。（图7-26）

7. 伸臂上举，拳面向上，腕向里屈，拳眼略相对；上身后仰，是为一仰。（图7-27）

8. 随后，身向前俯，拱背折胸；两拳向前、向下、向后、向上翻举，两臂伸开；头向下勾，是为一俯。（图7-28）

图7-26

图7-27

图7-28

9. 闭息。至难忍时，两拳扭紧下插于体侧，拳面向下；调匀呼吸。（图7-29）

10. 重复练习上述动作2～8次，具体次数自定。（图7-30～图7-36）

11. 上身立起，仍为左弓步；两拳抱腰，拳心向上，拳面向前。（图7-37）

12. 左弓步不变；两拳变掌，左右平肩伸开，掌心向上，掌尖向外；胸向外挺，是为一开。（图7-38）

图7-29

图7-30

图7-31

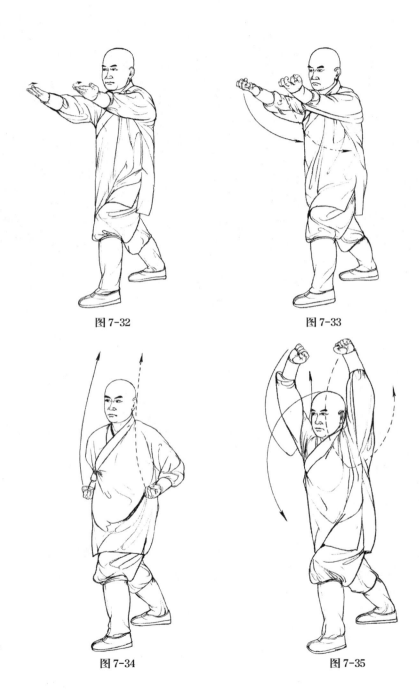

图 7-32

图 7-33

图 7-34

图 7-35

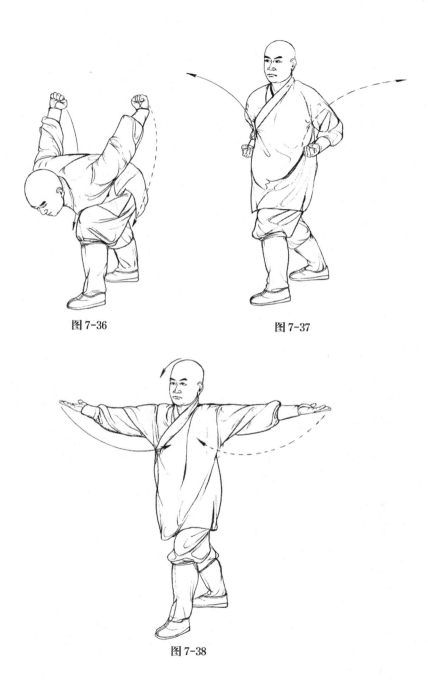

图 7-36

图 7-37

图 7-38

13. 两腕内屈，指尖抵胸，掌背斜相对，虎口在上；拱背折胸，是为一合。（图 7-39）

14. 两掌用力屈指握拳，扭紧下插，拳面向下，垂于体侧；挺胸昂头。（图 7-40）

15. 换成右弓步，如上练法。（图略）

16. 练毕收功，调匀呼吸。

图 7-39

图 7-40

第八章
王式易筋经（15式）

　　王式易筋经，源自"筋经门"，原为道家秘功，经王庆余教授公开传授，方流传开来。为便于自学，今试行精简，以飨同道，不当之处，敬请指正。

　　易筋经多宗少林，偏重武功，以刚为主；而峨眉派易筋经，则刚中有柔，刚柔相济，独具特色，成为一大名宗。本功即源自峨眉内家秘派，动静相合，内外兼修，内壮为根，由内及外，久练本功，则筋骨强劲，气力充沛，效果超常。

一、预备式

【练法】

两脚并步，正身直立；两掌垂臂，放于体侧；顶头竖项，全身放松。（图 8-1）

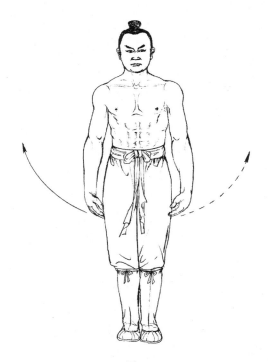

图 8-1

二、过渡式

【练法】

1. 左脚横开一步，两脚间距约与肩宽，脚尖平行向前；两掌上提，左右分开，掌心向上，约与腰平，肘尖近肋。（图8-2）

2. 两掌外伸、上托，展臂约与肩平，掌心向上，掌尖斜向外。（图8-3）

3. 继上举过顶，伸臂于两肩正上，掌心相对，掌尖向上；仰面，上视。（图8-4）

4. 微屈双肘，内屈两腕，使掌尖相对，掌心向下。目仍上视。（图8-5）

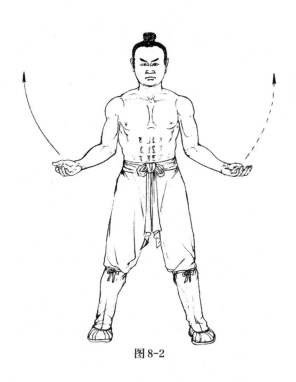

图8-2

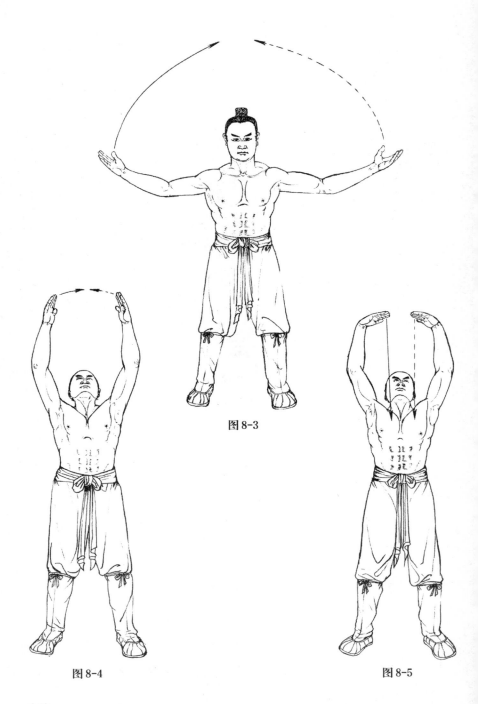

图 8-3

图 8-4

图 8-5

5.两掌向下缓缓按落，至喉部时，正头平颈。（图8-6）

6.两掌继续缓缓下按，至与胯缝（大腿根部）平。（图8-7）

【注】

过渡式，是王式易筋经不可或缺的重要功法。易筋经每一式都是以过渡式为基础进行，都要与过渡式紧密结合起来。练习者一定要注意这一点，千万不可忽视此式，以免事倍功半。

另外，虽然每一式都要加练过渡式，但有的式子要加练其全部6个动作；有的式子为了上下式的衔接顺畅，只能加练其大部。凡需要过渡式的地方，为了使读者不致练错，文中皆做了提示；而具体练法请参照本式，为节省篇幅，不再赘述。

图8-6

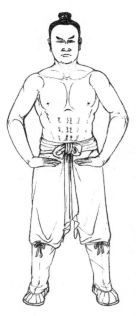

图8-7

三、韦驮献杵

【练法】

1.接过渡式最后一个动作（即第6动，如图8-7），双掌由下向内翻于胯根前侧，掌尖相对，掌心内凹。（图8-8）

2.两掌沿体前上提，至胸前时，右掌坐腕竖指，掌心向左，拇指尖与食指尖相扣，其余三指伸直，指尖向上；同时，左掌下沉，横掌端于肚脐前，掌心向上，掌尖向右。右掌根垂直于左掌心。（图8-9）

3.随后，两掌翻转下压。（图8-7）

4.加练过渡式一遍。（图8-2～图8-7）

图8-8

图8-9

四、二郎担山

【练法】

1.接过渡式最后一个动作（图8-7），双掌外旋，提至胸前，掌心向上；继向左右平移，展臂托掌，肘部略屈。静式不动，默数48数（也可自定）。（图8-10）

2.加练过渡式。（图8-4～图8-7）

图8-10

五、双掌托日月

【练法】

　　1.接过渡式最后一个动作（图8-7），两掌外旋，提至胸前，掌尖相对，掌心向上。继内旋，由内向下、向外同时翻掌，如托重物般举于头顶上方，掌心向上，掌尖相对，两肘略屈，臂成半弧状；仰面，上视。（图8-11）

　　2.默数48数后，双掌各从左右转掌下按。（图8-7）

　　3.加练过渡式一遍。（图8-2～图8-7）

图8-11

六、摘星换斗

【练法】

1. 接过渡式最后一个动作（图8-7），双掌内翻，右掌向右前上方举起，右臂伸开，掌心向左，掌尖向上；同时，左掌经左侧向后、向右用掌背贴在右背上（近肩胛骨部位）。（图8-12）

图8-12

2. 重心移于前脚掌，两脚跟提起；同时，两掌用力屈指抓握成拳。（图8-13）

3. 两手松拳成掌，收至肚脐前成抱掌式，两掌心相对，掌心内凹，左掌尖向右，右掌尖斜向左上。（图8-14）

4. 上为摘星换斗之右式，接练左式。（图略）

左右轮流各做 12 次（或自定次数，不可拘泥）。

5. 放下双掌下按。（图8-7）

6. 加练过渡式一遍。（图8-2～图8-7）

图8-13　　　　　　　　　　图8-14

七、倒拽九牛尾

【练法】

1. 接过渡式最后一个动作（图8-7），两手握空心拳，拳面向下，拳眼斜向里；左转体成左弓步，右脚跟提起。（图8-15）

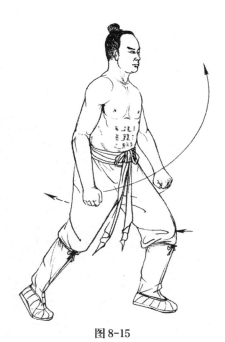

图8-15

2.两肘缓缓收屈，右拳向前上举，至拳眼平对两眼，拳面向上；左拳向后下摆，置于左臀后侧（距臀约15厘米），拳面向下，拳眼向前；同时，左腿缓缓伸直，重心后移；右膝自然弯曲，脚跟仍提。（图8-16）

3.左膝前屈成左弓步，右腿蹬伸，脚跟仍提；同时，上体向前移动。（图8-17）

4.上为左式，练习6遍后，换练右式。（图略）

5.右式练毕，两掌下按。（图8-7）

6.加过渡式一遍。（图8-2～图8-7）

图8-16   图8-17

八、力士推山

【练法】

1. 接过渡式最后一个动作（图8-7），两掌旋转成掌心向后，掌尖向下，两肘稍屈。（图8-18）

2. 两掌心外旋，缓缓提至两肋尖下侧，掌心向上，掌尖向前。继用力屈指握拳，坚持一会，再松拳成掌。（图8-19）

图8-18

图8-19

3.两掌内旋，翻转上提竖起，停于两乳外侧，掌尖向上，掌心向前。（图 8-20）

4.两掌伸臂向前推出，意想两掌如推大山，直至手臂推直。（图 8-21）再收回，再前推，如此来回练习 9 次（也可自定次数）。

5.两掌下按。（图 8-7）

6.加做过渡式一遍。（图 8-2 ～图 8-7）

图 8-20

图 8-21

九、九鬼拔马刀

【练法】

1. 接过渡式最后一个动作（图8-7），双手先屈肘向上提至两肋，随即，右掌外旋使掌心向上，沿胸部经面部再绕过右耳，至脑后（此时掌心向里，掌尖向左）握拳，拳心向里，拳眼向下；左掌向左后移动，至背心（与心窝相对处）握拳，拳背贴身，拳面向右。两拳如握刀，右手紧握刀柄，左手紧握刀鞘。同时，两脚跟提起（也可不抬脚跟）；头略左转，目视左方。（图8-22）

图8-22

2. 右手用力如向上拔刀，左手用力如向下扯鞘。用力一松一拔，反复练习9次（也可自定次数）。（图8-23）

3. 松拳为掌下按，脚跟下落。（图8-7）

4. 再换左式，也练9次。（图略）

5. 松拳为掌下按，脚跟下落。（图8-7）

6. 加练过渡式一遍。（图8-2～图8-7）

图8-23

十、抓气归原

【练法】

1. 接过渡式最后一个动作（图8-7），两掌由内向外转动，使掌心向上。随即半握拳，置于腰际，拳面向前，拳心向上。（图8-24）

2. 左拳不变；右拳变掌，由右向左翻转，掌心向下，用力伸向左前方，直至臂直。（图8-25）

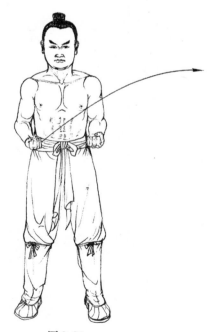

图8-24

3.右掌成爪，意想用力将气抓回，收至右腰际屈指握拳。（图8-26）

4.上为右式，换练左式。（图略）

左右相互轮流进行，次数自定。

5.完后松拳按掌。（图8-7）

6.加练过渡式一遍。（图8-2～图8-7）

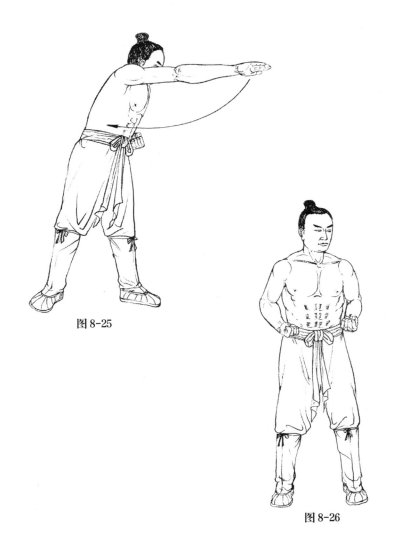

图8-25

图8-26

十一、三盘落地

【练法】

　　1.接过渡式最后一个动作（图8-7），双掌向上提过头顶，成倒八字，掌心向外，掌尖斜向上，两臂成半弧状；仰面，上视。（图8-27）

　　2.翻掌下压至大腿面上，掌尖向里；同时，两腿微屈，下蹲成小八字式，提起脚跟；腰背伸直。默数36数（或自定次数）。（图8-28）

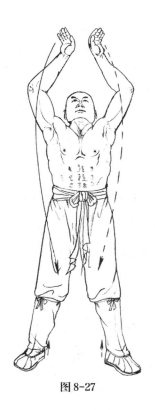

图8-27

图8-28

3. 两掌成海底捞月式，向上提动；同时，脚跟下落，两腿伸立。两掌成抱球状停于小腹下。（图8-29）

4. 两掌内旋下按。（图8-7）

5. 加练过渡式一遍。（图8-2～图8-7）

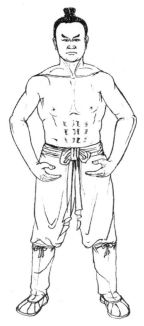

图8-29

十二、饿虎扑食

【练法】

1. 接过渡式最后一个动作（图 8-7），右转身，成右弓步；两掌前伸，屈肘，肘尖贴住两肋，掌心向下，掌尖向前。目视前方。（图 8-30）

2. 上体前俯，两掌以十指尖触地；重心落在右脚上，身躯同时向后移动，右膝略屈；左膝屈约 90 度，左脚跟提起。（图 8-31）

图 8-30

图 8-31

3.身躯向前移动，左腿挺膝蹬伸，重心移至两手十指，下颌尽力前伸。（图8-32）

4.按上述一伸一缩，练习9～12次。再换左式。（图略）

5.行功完毕，两掌提起，两腿开步伸立，调息一会。（图8-33）

6.双掌外翻，平行分开，加练过渡式一遍。（图8-2～图8-7）

图8-32

图8-33

十三、掌抱昆仑

【练法】

1. 接过渡式最后一个动作（图 8-7），双掌外翻使掌心向上，移至两侧，环绕上举，两肘弯曲，后臂略与肩平，两掌略成抱球状，掌尖约与额平。（图 8-34）

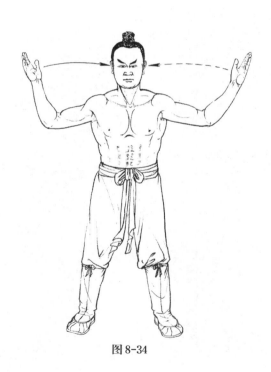

图 8-34

2.将两掌心贴住两耳孔，十指抱住后脑，两肘外展与耳平。（图8-35）

3.两腿挺直，上体向前下俯，胸部尽量压向两膝，面向地面；两脚跟提起。（图8-36）

4.然后，立起上身，松开两掌从胸前两侧下压，加练过渡式一遍。（图8-2～图8-7）

图8-35

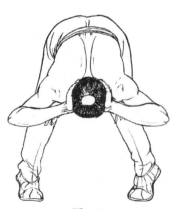

图8-36

十四、掉尾式

【练法】

　　1.接过渡式最后一个动作（图8-7），两膝挺直，两脚略成内八字；两掌环抱，掌心向里。随即，身体前屈，两脚跟提起；双手十指交叉下压，掌心向下；头部上仰，成望月式。定式后，默数24数。（图8-37）

　　2.完后撒手，身躯挺立，两脚放平，双掌内翻各从左右分开，加练过渡式一遍。（图8-2～图8-7）

图8-37

十五、抱气归海

【练法】

1. 接过渡式最后一个动作（图 8-7），双掌上翻，平行分开，各从左右绕回，置于胸前；同时，两脚并拢。随即，两掌如抱一气球，下压至小腹。默数 24 数。（图 8-38）

2. 最后，拍打前胸、后背各 3 次，再从上至下、从左至右拍打四肢各两遍，全功即告结束。

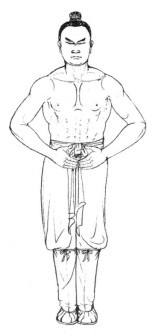

图 8-38

第九章
南派易筋经（12式）

南派易筋经，是一派独特的易筋经功夫，何时由何人所创已无从查考。从现有参考材料看，此派应归于南少林内功类，有舒筋、顺气、把攒、小劳、贯神、拱元、导引、撒放、归元、洗髓等十几种功法，丰富多彩。

今选南派易筋经之"导引12式"，整理出来，献于同道。"导"指"导气"，导气令和；"引"指"引体"，引体令柔。呼吸俯仰，屈伸手足，流通血气，增进健康。

本易筋经，练法独特，架式美观；内外兼修，柔中寓刚，动中练息。练之可健肺益气，壮筋增劲，是难得一见的内功易筋经。

一、探龙珠（左）

【练法】

1. 两脚开步，比肩稍宽；右掌收抱丹田；左掌前伸，腕高过肩，左肘略屈，掌尖向上，五指略分。目视左掌。（图9-1）

2. 左掌吞劲（劳宫穴内收，有吞劲之意），以鼻缓缓吸气，愈慢愈好；同时，肩、肘、腕、指均有内吞之势。（图9-2）

3. 然后，以鼻喷气，左掌吐劲。

4. 上述动作一吸一呼，为一次。共做36次（也可自定次数），然后收式。

图9-1

图9-2

二、探龙珠（右）

【练法】

1. 两脚开步，比肩稍宽；左掌收抱丹田；右掌前伸，腕高过肩，右肘略屈，掌尖向上，五指略分开。目视右掌。（图9-3）

2. 右掌吞劲，以鼻缓缓吸气，愈慢愈好；同时，肩、肘、腕、指均有内吞之势。（图9-4）

3. 然后，以鼻喷气，右掌吐劲。

4. 反复练习（次数自定），然后收式。

图9-3

图9-4

三、龙吸水

【练法】

1. 两脚开步，比肩稍宽；双掌向前抬举前伸，腕高过肩，掌尖向上，十指略开，两肘略屈。目视前方。（图9-5）

2. 以鼻缓缓吸气；同时，双掌吞劲，劳宫内含，十指略屈。（图9-6）

3. 以鼻喷气，两掌吐劲。

4. 反复练习，然后收式。

图9-5

图9-6

四、虎听风（左）

【练法】

1.两脚开步，比肩稍宽；右掌后收，翻掌贴于腰后，掌尖向左，虎口向上；同时，左掌侧开，高与胯平，掌尖向下，掌心向前，手臂放松。（图9-7）

2.以鼻缓缓吸气，左掌吞劲，劳宫内含，五指略屈。（图9-8）

3.以鼻喷气，左掌吐劲。

4.反复练习，然后收式。

图9-7　　　　　　　　　图9-8

五、虎听风（右）

【练法】

1. 两脚开步，比肩稍宽；左掌后收，翻掌贴于后腰，掌尖向右，虎口向上；同时，右掌侧开，高与胯平，掌尖向下，掌心向前，手臂放松。（图9-9）

2. 以鼻缓缓吸气，右掌吞劲，劳宫内含，五指略屈。（图9-10）

3. 以鼻喷气，右掌吐劲。

4. 反复练习，然后收式。

图9-9 图9-10

六、虎伏洞

【练法】

1.两脚开步，比肩稍宽；两掌侧开，高与胯平，掌心向前，掌尖向下，手臂放松。目视前下。（图9-11）

2.以鼻缓缓吸气，两掌吞劲，劳宫内含，十指略屈。（图9-12）

3.以鼻喷气，两掌吐劲。

4.反复练习，然后收式。

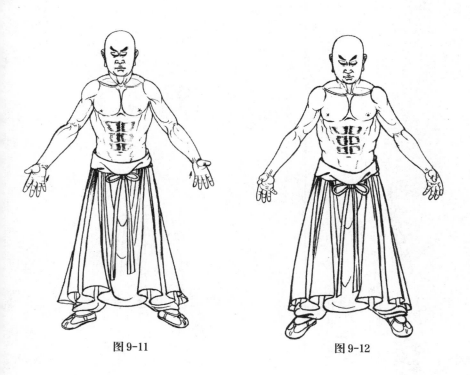

图9-11   图9-12

七、燕展翅（左）

【练法】

1.两脚开步，比肩稍宽；抬起右掌，掌心抱贴脑后，掌尖向左；同时，左掌向左侧上方举臂，坐腕竖掌，腕高平肩，掌心向外，五指略开。目视左掌。（图 9-13）

2.以鼻缓缓吸气，左掌吞劲，劳宫内含，五指略屈；同时，右肘外开扩胸。（图 9-14）

3.以鼻喷气，左掌吐劲。

4.反复练习，然后收式。

图 9-13

图 9-14

八、燕展翅（右）

【练法】

1. 两脚开步，比肩稍宽；抬起左掌，掌心抱贴脑后，掌尖向右；同时，右掌向右侧上方举臂，坐腕竖掌，腕高平肩，掌心向外，五指略开。目视右掌。（图 9-15）

2. 以鼻缓缓吸气，右掌吞劲，劳宫内含，五指略屈；同时，左肘外开扩胸。（图 9-16）

3. 以鼻喷气，右掌吐劲。

4. 反复练习，然后收式。

图 9-15　　　　　　　　　　　图 9-16

九、鹰振翅

【练法】

    1.两脚开步，比肩稍宽；两掌向两侧举臂平肩，掌心向外，掌尖略向上，十指略开。（图9-17）

    2.以鼻缓缓吸气，两掌吞劲，劳宫内含，十指略屈。（图9-18）

    3.以鼻喷气，两掌吐劲。（图9-19）

    4.反复练习，然后收式。

图9-17

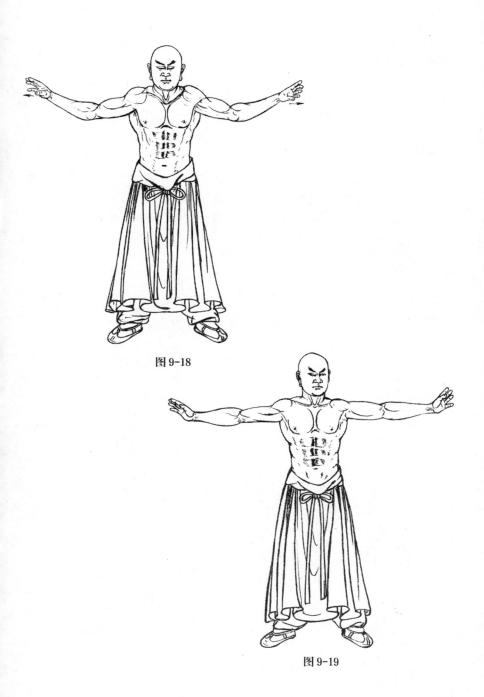

图 9-18

图 9-19

十、浑元气

【练法】

1. 两脚开步，比肩稍宽；两掌向上托举，掌心向上，掌尖略相对，臂成环状，仰面上视。（图 9-20）

2. 以鼻缓缓吸气，两掌吞劲，劳宫内含，十指略屈，掌根缓缓旋向前方，掌尖向后，虎口相对。（图 9-21）

图 9-20

图 9-21

3. 以鼻喷气，两掌松劲，掌尖略相对。（图 9-22）

4. 两掌向外分开，屈肘竖臂，大臂平肩，掌尖向上，掌心相对，似抱一个大球状；头部下落复正。（图 9-23）

5. 以上动作，反复练习，然后收式。

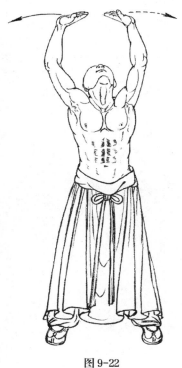

图 9-22

图 9-23

十一、后摘星

【练法】

1. 两脚开步，比肩稍宽；两掌上抬胸前，两掌心相贴，互搓数十次。（图 9-24）

2. 左掌按住头顶不动；右掌按贴后颈，由左向右抹十数次。（图 9-25）

3. 双掌再行互搓，换左掌抹后颈。（图 9-26）

4. 接着，右手拇指扣捏左前臂曲池穴十数次。（图 9-27）

5. 换左手拇指扣捏右曲池穴。

6. 然后收式。

图 9-24

图 9-25

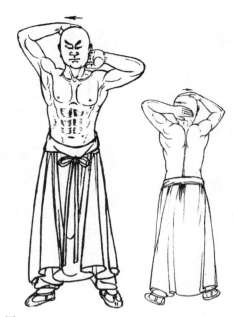

图 9-26

图 9-27

十二、龙攫珠

【练法】

1.两脚开步,与肩稍宽;随之,两掌相合胸前,互搓数十次。(图9-28)

图9-28

2.右掌下落体侧；抬起左掌于嘴前,用口于掌心喝气而吞之。(图9-29)

3.双掌置于腹前，掌尖相对，掌心向下，虎口向内，呼吸自然，用虎口轻敲丹田两侧。（图9-30)

轻敲丹田两侧12次后,深呼吸一次养丹田之气。此为一轮，共做3轮(即吞气3口，轻敲丹田两侧36数)。

4.最后收式，手抱丹田，全身放松，调匀呼吸。

图9-29

图9-30

第十章
古传易筋经（22式）

　　葱岭为山脉之起源，蜿蜒迤逦，乃向东分驰。故钟毓之秀，圣贤豪杰，多发生于中土。其西南支脉，为喜马拉雅山。是山，世界最高之山也，介乎西藏、印度之间。印度者，又佛教之所由起也。

　　考后魏孝明帝太和年间，西竺达摩禅师航海东来，住锡于少林寺。其后，寺僧于破壁间，搜其遗书，得《易筋经》。

　　易筋云者，导引吐纳、熊经鸱顾，引接腰体、动诸关节，以求难老，能令筋力易换，转衰为壮、转弱为强，使引年益寿也！

　　是书虽来自西方，而与我国儒者所言礼，可以固人肌肤之会、筋骸之束，则殊途同归，犹众山之异脉同源耳。

　　达摩为西竺名僧，其术多不传之秘，今世所盛传者，推"易筋经"，真"紫府之金丹、玉堂之秘录"也。（宣统三年岁次辛亥季夏朔日，存庵主人梁士贤子瑜氏序）

一、古传易筋经第一套

1. 第一式

【古谱】

面向东立，首微上仰，目微上视；两足与肩宽窄相齐，脚站平，不可前后参差；两肩垂下，肘微屈，两掌朝下，十指尖朝前。

点数七七四十九字，十指尖想往上跷，两掌想往下按，数四十九字，即四十九跷按也。（图 10-1）

图 10-1

2. 第二式

【古谱】

接前式。

数四十九字毕，即将八指叠为拳，拳背朝前，两大拇指伸开不叠拳上，两大指跷起，朝身，不贴身，肘微屈。

每数一字，拳加一紧，大拇指跷一跷，数四十九字，即四十九紧四十九跷也。（图10-2）

3. 第三式

【古谱】

接前式。

数四十九字毕，将大拇指叠在中指中节上为拳，趁势往下一拧，肘之微屈者至此伸矣，虎口朝前。

数四十九字，每数一字，拳加一紧，即四十九紧也。（图10-3）

图10-2

图10-3

4. 第四式

【古谱】

接前式。

数四十九字毕，将两臂平抬起伸向前，两掌相离尺许，虎口朝上，拳与肩平，肘微屈。

数四十九字，拳加四十九紧。（图10-4）

图10-4

5. 第五式

【古谱】

接前式。

数四十九字毕，将两臂直竖起，两拳相对，虎口朝后，头微仰。两拳不可贴身，亦不可离远。

数四十九字，每数一字，拳加一紧。（图10-5）

6. 第六式

【古谱】

接前式。

数四十九字毕，两拳下对两耳，离耳寸许，肘与肩平，虎口朝肩，拳心朝前。

数四十九字，每数一字，肘尖想往后用力，拳加一紧。（图10-6）

图10-5

图10-6

7. 第七式

【古谱】

接前式。

数四十九字毕，全身往后一仰，以脚尖离地之意，趁势一仰将两臂横伸，直与肩平，虎口朝上。

数四十九字，每数一字，想两拳往上、往后用力，胸向前合，拳加一紧。（图10-7）

图10-7

8. 第八式

【古谱】

接前式。

数四十九字毕，将两臂平转向前。与第四式同，但此两拳略近些。

数四十九字，每数一字，拳加一紧。（图10-8）

9. 第九式

【古谱】

接前式。

数四十九字毕，将两拳收回，向胸前、两乳之上抬一些，即翻拳向前上起对鼻尖，拳背食指节尖即离鼻尖一二分，头微仰。

数四十九字，每数一字，拳加一紧。（图10-9）

图10-8

图10-9

10. 第十式

【古谱】

接前式。

数四十九字毕，将两拳离开，肘与肩平，两小臂竖起，拳心向前，虎口遥对两耳。

数四十九字，每数一字，拳加一紧，想往上举，肘尖想往后用力。（图10-10）

11. 尾一式

【古谱】

接前式。

数四十九字毕，将两拳翻转向下至脐，将两大拇指指尖与脐相离一二分。

数四十九字，每数一字，拳加一紧。（图10-11）

数毕，吞气一口，随津以意送至丹田。如此吞送气三口。

图10-10

图10-11

12. 尾二式

吞气三口毕，不用数字，将两拳松开，两手垂下，直与身齐，手心向前，往上端与肩平；脚跟微起，以助手上端之力。如此三端，俱与平端垂物之用力相同。（图10-12）

再将两手叠作拳，举起过头，同用力捽下，三举三捽。

再将左右足一蹬，先左后右，各三蹬。毕，养气片时。

如接行第二套者，于吞气后接下来，不须平端、捽手、蹬足也。

图10-12

二、古传易筋经第二套

1.第一式

【古谱】

接第一套。

吞气三口毕，将两拳伸开，手心翻转向上，端至乳上寸许，十指尖相离二三寸。

数四十九字，每数一字，想手心翻平，想气贯十指尖。（图10-13）

若行此第二套第一式，须接前套尾一式，吞气三口即接行之，不用行前套尾二式也。

图10-13

2. 第二式

【古谱】

接前式。

数四十九字毕,将两手平分开,横如一字与肩平,掌心朝上,胸微向前。

数四十九字,每数一字,手掌、手指想往上、往后用力。（图10-14）

图10-14

3. 第三式

【古谱】

接前式。

数四十九字毕，两臂平转向前。

数四十九字，每数一字，想气往十指尖上贯，平掌朝上微端。（图10-15）

4. 第四式

【古谱】

接前式。

数四十九字毕，将两手为拳撤回，拳心朝上，拳背朝下，两肘夹过身后。

数四十九字，每数一字，拳加一紧，两臂不可贴身，亦不可离远。（图10-16）

图10-15

图10-16

5. 第五式

【古谱】

接前式。

数四十九字毕，将拳伸开，指尖朝上，掌往前如推物之状，以臂伸将直为度。

每数一字，掌想往前推，指尖想往后用力。数四十九字毕，如前尾式数字、吞气等法行之。（图10-17）

此第二套五式行毕，若不歇息，连欲接行第三套，则于此套数字毕，照前套尾一式吞气三口送入丹田之后，即接行第三套，仍减行前套尾二式可也。

功行至此第二套五式，意欲歇息养神，必须将前套尾一式吞气之法及尾二式诸法全数补行，于此第二套五式之后方能歇息也。

图10-17

三、古传易筋经第三套

1. 第一式

【古谱】

接前吞气后，将两手心朝下、手背朝上，两手起至胸前、乳上，趁势往下一蹲，脚尖略分开些，脚跟离地二五分，两手尖相离二三寸。

数四十九字，每数一字，两肘尖想往后用力，想气贯至十指尖上。（图10-18）

图10-18

2.第二式

【古谱】

接前式。

数四十九字毕，将身一起，趁势右手在内，左手在外，右手掌向左推，左手掌向右推。

数四十九字，每数一字，右手掌向左用力，指尖往右用力；左手掌向右用力，指尖往左用力。（图10-19）

图10-19

3. 第三式

接前式。

数四十九字毕，将两手分开如一字，两臂与肩平，手心朝前，胸微往前。

数四十九字，每数一字，两手想往上、往后用力。（图 10-20）

图 10-20

4. 第四式

【古谱】

接前式。

数四十九字毕，将左手及臂在上，右手及臂在下，左手心朝右，右手朝左，两臂皆曲向。

数四十九字，每数一字，想气贯十指尖，两臂不可贴身。（图10-21）

图10-21

5. 第五式

【古谱】

接前式。

数四十九字毕，将两臂垂下，手心翻转向后。

每数一字，想气贯十指尖。俱照前式，数四十九字毕。（图10-22）

每照前尾式，数字吞气、平端、掉手、蹬足毕，静养片时，不可说话、用力。

如要上顶为者，于五十日后，行到第三套一蹲之式，眼往上瞪，牙咬紧，将头左右各三扭，以意贯气至顶上，则为贯顶上矣。

六十日后，以意贯气至下部，则为达下部矣。

图10-22